*Comentários ao
Regulamento Básico
da OABPrev-SP*

WLADIMIR NOVAES MARTINEZ

Advogado especialista em Direito Previdenciário.

WLADIMIR NOVAES FILHO

Procurador do Estado de São Paulo.
Professor da PUC/SP e da UNIP.

Comentários ao Regulamento Básico da OABPrev-SP

Dados Internacionais de Catalogação na Publicação (CIP)
(Câmara Brasileira do Livro, SP, Brasil)

Novaes Filho, Wladimir
    Comentários ao regulamento básico da OABPrev-SP /
Wladimir Novaes Filho, Wladimir Novaes
Martinez. — São Paulo : LTr, 2009.

    Bibliografia.
    ISBN 978-85-361-1360-9

    1. Advogados — Estatuto legal, leis etc. —
Brasil 2. Ordem dos Advogados do Brasil Prev —
Estatuto legal, leis etc. I. Martinez, Wladimir
Novaes. II. Título.

09-04758   CDU-347.965.8(81)(094.56)

Índices para catálogo sistemático:

1. Estatutos : Ordem dos Advogados do Brasil
   Prev : Comentários 347.965.8(81)(094.56)
2. Ordem dos Advogados do Brasil Prev :
   Estatutos : Comentários
   347.965.8(81)(094.56)

Produção Gráfica e Editoração Eletrônica: **RLUX**

Capa: **ELIANA C. COSTA**

Impressão: **COMETA GRÁFICA E EDITORA**

© Todos os direitos reservados

EDITORA LTDA.

*Rua Apa, 165 — CEP 01201-904 — Fone (11) 3826-2788 — Fax (11) 3826-9180
São Paulo, SP — Brasil — www.ltr.com.br*

LTr 3746.3   Junho, 2009

Índice

À Guisa de Prefácio	7
Capítulo I. Introdução	9
Capítulo II. Conceitos básicos	16
Capítulo III. Destinatários da OABPrev	24
Capítulo IV. Indicação dos beneficiários	26
Capítulo V. Alterações da indicação	28
Capítulo VI. Qualidade de participante	29
Capítulo VII. Indicação de beneficiários	32
Capítulo VIII. Vinculado e remido	34
Capítulo IX. Tipo de contribuições	37
Capítulo X. Contribuição básica	39
Capítulo XI. Escolha da contribuição	41
Capítulo XII. Contribuição eventual	42
Capítulo XIII. Participante licenciado	44
Capítulo XIV. Prazo para recolhimento	47
Capítulo XV. Contribuição de risco	48
Capítulo XVI. Despesas administrativas	50
Capítulo XVII. Destino da contribuição de risco	52
Capítulo XVIII. Cobertura das prestações imprevisíveis	53
Capítulo XIX. Data-base do seguro	55
Capítulo XX. Prestações não programadas	56
Capítulo XXI. Cessação da cobertura	57
Capítulo XXII. Conta participante	58
Capítulo XXIII. Cotas creditadas	59
Capítulo XXIV. Conta benefício	60
Capítulo XXV. Atualização da conta participante	61
Capítulo XXVI. Rol dos benefícios	62
Capítulo XXVII. Aposentadoria programada	64

Capítulo XXVIII. Aposentadoria por invalidez	67
Capítulo XXIX. Pensão por morte	70
Capítulo XXX. Valor dos benefícios	74
Capítulo XXXI. Modalidades de pagamento	75
Capítulo XXXII. Opção do beneficiário	77
Capítulo XXXIII. Adiantamento da prestação	78
Capítulo XXXIV. Pecúlio do valor mínimo	79
Capítulo XXXV. Benefício mínimo	80
Capítulo XXXVI. Primeiro pagamento	81
Capítulo XXXVII. *Vesting* do remido	82
Capítulo XXXVIII. Valor do *vesting*	85
Capítulo XXXIX. Benefícios do remido	86
Capítulo XL. Da Portabilidade	87
Capítulo XLI. Valor da portabilidade	89
Capítulo XLII. Direito acumulado	90
Capítulo XLIII. Recepção de portabilidade	91
Capítulo XLIV. Resgate do valor vertido	92
Capítulo XLV. Pagamento do resgate	96
Capítulo XLVI. Extrato da conta	97
Capítulo XLVII. Opção pelo instituto	101
Capítulo XLVIII. Termo de portabilidade	103
Capítulo XLIX. Alterações do plano	106
Capítulo L. Fonte de custeio	108
Capítulo LI. Retirada do instituidor	109
Capítulo LII. Decadência e prescrição	111
Capítulo LIII. Transparência da proteção	113
Capítulo LIV. Extrato anual	114
Capítulo LV. Dúvidas e omissões	115
Capítulo LVI. Número de participantes	116
Capítulo LVII. Vigência do regulamento	117
Estatuto — OABPrev-SP	119
Regulamento — OABPrev-SP	133

À Guisa de Prefácio

A idéia da OAB/SP e da CAASP, entidades que congregam e representam os advogados do Estado de São Paulo, de conceber, planejar e instituir um fundo de pensão associativo, designado de OABPrev-SP, nos termos do art. 31 da LC n. 109/01 (LBPC) e da Resolução CGPC n. 12/02, é alvissareira para o segmento da previdência complementar fechada e para a proteção dos profissionais do Direito. Será, provavelmente, uma das maiores EFPC do País. No início de 2008 já contava com as adesões das seccionais do Amazonas, Pernambuco, Ceará e Piauí.

Partindo do Convênio de Adesão (aprovado pela Portaria SPC n. 1.745/07) entre as duas instituidoras e a entidade gestora, foram elaborados o Estatuto Social (ES) e o Regulamento Básico (RB), ambos devidamente aprovados pela SPC.

O Regulamento Básico, ora apreciado, com seus 57 artigos, por assim dizer, é a fonte formal disciplinadora das cláusulas dispostas entre a OABPrev-SP e os associados/membros, para os fins das contribuições e das prestações. Ele tem a importância natural da instituição jurídica, assinalada pelo fato de reger as relações entre os profissionais, tidos como participantes (e seus beneficiários) e a EFPC, fixando os deveres e os direitos. Daí a preocupação havida por parte dos elaboradores do RB com a precisão da técnica jurídica e a correta nomenclatura adotada.

Procuramos fazer os primeiros comentários a cada um dos 57 artigos, na esperança de que os estudiosos e os especialistas, colegas participantes, os aperfeiçoem e os desenvolvam, para que restem clarificados esses preceitos e o fundo de pensão logre atingir o desiderato para o qual foi instituído.

Releva destacar que esse Regulamento Básico, elaborado por quem foi e a quem se destina, naturalmente será copiado por outras EFPC associativas, um exemplo a ser seguido e, nessas condições, terá sempre de ser o melhor.

Como de costume, fornecemos fontes formais que poderão ser úteis numa leitura mais profunda sobre a matéria, sem consignarmos doutrina específica ou jurisprudência, em razão de a experiência ser muito recente e ainda não ter produzido análises mencionáveis conhecidas.

Wladimir Novaes Martinez e Wladimir Novaes Filho

Introdução *Capítulo I*

REGULAMENTO DO PLANO DE BENEFÍCIOS PREVIDENCIÁRIOS DO ADVOGADO

CAPÍTULO I

DO OBJETO

Art. 1º. Este Regulamento estabelece os direitos e as obrigações dos Instituidores, dos Participantes, dos Beneficiários e do Fundo de Pensão Multipatrocinado da Seccional de São Paulo da Ordem dos Advogados do Brasil e da CAASP — Caixa de Assistência dos Advogados de São Paulo, OABPrev-SP, em relação ao Plano de Benefícios Previdenciários do Advogado — PREVER, instituído na modalidade de contribuição definida pela Ordem dos Advogados do Brasil — OAB, Seccional de São Paulo e pela Caixa de Assistência dos Advogados de São Paulo — CAASP.

Parágrafo único — A inscrição do participante e seus respectivos beneficiários neste Plano de Benefícios, e a manutenção desta qualidade, são pressupostos indispensáveis para a percepção de quaisquer dos benefícios previstos neste Regulamento.

Remissão: art. 202 da Constituição Federal;

art. 31, II, da LC n. 109/01;

Leis ns. 4.215/63 e 8.906/94;

Leis ns. 8.212/91 e 8.213/91;

Decreto n. 3.408/99;

Decretos ns. 4.206/02 e 4.942/03;

Resolução CPC n. 1/78;

Resoluções CGPC ns. 12/02, 13/02 e 16/05;

art. 2º do RB.

1) Regulamento Básico

O Regulamento Básico da OABPrev é designado como Plano de Benefícios Previdenciários do Advogado, entendendo-se a expressão "benefícios previdenciários" contida no título deste ato constitutivo da EFPC como referente às prestações implementares do RGPS, até porque os direitos previdenciários dos advogados contêm-se no Plano de Benefícios da Previdência Social — PBPS (Lei n. 8.213/91). Ali, básicos, aqui complementares.

O Regulamento Básico é uma espécie de regulamento do Estatuto Social (e até, em parte, do Convênio de Adesão), assim como o decreto é o regulamento da lei. Trata-se de ato institucional regulador das obrigações e direitos de quem se integra na previdência complementar. Não deve ser confundido com uma simples cópia de um contrato previdenciário; uma vez aprovado pela SPC, exceto a disposição de ingressar (que é livre), nem a entidade nem os participantes têm a vontade que caracteriza a contratualidade do Direito Civil. Por isso, uma vez respeitado o ato jurídico perfeito, a coisa julgada e o direito adquirido, suas normas poderão ser modificadas pela OABPrev (quando aprovadas as alterações pelo Conselho Deliberativo, que representa os advogados filiados e pela SPC). A relação jurídica de previdência associativa é uma instituição e o ingresso, um ato de adesão.

O art. 2º, XXI, do RB, o descreve como "documento que estabelece as disposições do plano de benefícios, disciplinando, entre outras coisas, as condições de ingresso e saída de participante, elenco de benefícios a serem oferecidos, com suas respectivas condições de elegibilidade e forma de pagamento".

Para que se tenha uma idéia do significado da contribuição mensal, quem, aos 22 anos, começar a pagar R$ 50,00 (contribuição mínima) e assim permanecer durante 420 meses, chegando aos 57 anos de idade, receberá mensalmente R$ 1.639,73. Se esse mesmo participante, entretanto, aportar R$ 308,20 mensais, fará jus a uma mensalidade de R$ 10.100,73.

Matematicamente falando e pensando na aposentadoria por invalidez, R$ 16,00 recolhidos durante 40 anos acumulam um capital de R$ 150.000,00 e R$ 36,00 mensais, para uma pensão por morte, querem dizer um capital acumulado de R$ 100.000,00. Se o dependente começar com um ano de idade e viver 77 anos, receberá R$ 491,24 mensais.

2) Advogado

Diz o título que o plano de benefícios é do advogado, logo somente esse profissional nele poderá ingressar. Os empregados da OABPrev ou CAASP não advogados estão impedidos. Advogado é a pessoa que se formou na ciência do direito, obteve o diploma do MEC, fez o exame da OAB e obteve a Carteira de Habilitação.

3) Força do regulamento

Com a autoridade outorgada pela Carta Magna e pela LC n. 109/01, o Regulamento Básico fixa as obrigações e os direitos dos participantes. Tem de ser admitido como a "lei" entre as partes: entidade e destinatários.

Ele inverteu a ordem, elegendo os benefícios como atraentes da contribuição, sem qualquer outro papel interpretativo.

4) Instituidores

Nos termos do art. 31, II, da LBPC, as pessoas jurídicas profissionais de direito privado, sindicais e setoriais, a exemplo do que sucede com as empresas privadas desde a Lei n. 6.435/77, podem instituir um fundo de pensão, enquadrado como entidade fechada que abrigue tão-somente os seus associados.

A designação de "instituidores" no mínimo distingue da nomenclatura "patrocinadores", na medida em que essa implantação diz mais provisão do que fomento. Ou seja, a OAB empresta o seu nome, prestígio e supervisão de toda ordem, mas não contribuirá financeiramente como o fazem os patrocinadores. Mas, é claro, prestará toda a cooperação possível, inicial e em manutenção, inclusive cedendo trabalhadores para operarem na sede da entidade.

O papel do instituidor é extraordinariamente relevante, e a sua retirada desse magnífico esforço de proteção complementar induzirá conseqüências políticas mais desastrosas do que a retirada de patrocinadora; é de ordem moral.

No caso da OABPrev os instituidores são duas instituições: a Seccional da OAB em São Paulo e a CAASP. Curiosamente, quando descreveu a primeira, o regulamento esqueceu-se de sua sigla, o que é insignificante, mas a ser corrigido na primeira oportunidade.

Lembrando-se que, no caso dos patrocinadores, quase sempre os fundos são multipatrocinados porque a própria EFPC patrocina em relação aos seus empregados. Mas, quem presta serviços para à OABPrev, se não for advogado dela não poderá participar. Note-se também que a OAB e a OABPrev, em relação aos seus empregados, são empregadores.

O fato de as empresas com advogados contratados como empregados poderem contribuir, cooperando com os seus colaboradores e recolhendo para a entidade fechada associativa, não as torna patrocinadoras, nem a EFPC, que os acolhe, uma entidade patrocinada.

5) Participantes

À evidência, os participantes têm obrigações e direitos. Obrigações pecuniárias (de contribuir) e formais. E direitos previdenciários (auferir prestações).

De regra, eles são os advogados e mais ninguém. Ainda que, na condição de empregados, contem com a cooperação financeira dos seus empregadores.

O art. 2º, XV/XIX, do RB, um verdadeiro glossário, indica a presença de pelo menos cinco tipos de participantes: ativo, assistido, licenciado, remido e vinculado. Já que elencava, poderia ter incluído o participante em risco iminente.

A expressão "participante" precisa ficar bem compreendida, *ab initio* incluindo quem requereu o *vesting* e quem optou pelo autopatrocínio, porém excluindo quem portou as contribuições para outros fundos de pensão (RB, arts. 40/43) ou quem resgatou as contribuições (RB, arts. 44/45).

6) Beneficiários

Diferentemente do RGPS (PBPS, art. 16) e do comum dos planos de benefícios das entidades patrocinadas, que arrolam os dependentes eleitos como beneficiários, o art. 2º, I, do RB, deixa a critério do participante indicar quais são eles.

7) Fundo de Pensão

A OABPrev é um fundo de pensão, ou seja, uma entidade fechada de previdência complementar associativa (EFPC). Fundos de pensão são instituições criadas no começo do século passado, organizadas legalmente a partir da Lei n. 6.435/77 e cujo funcionamento se submete às regras da LC n. 109/01 e sua regulamentação infra-legal. Trata-se de uma empresa de prestação de serviços com características próprias, que empreende a proteção privada nos termos do art. 202 da Carta Magna.

8) Fundo multipatrocinado

De acordo com a LBPC, os fundos de pensão são classificados em singulares ou multipatrocinados. Singulares são aqueles patrocinados por apenas uma empresa ou instituição e multipatrocinados, quando providos por mais de uma empresa ou instituição.

Se a OABPrev tivesse sido instituída apenas pela OAB seria singular, mas, como a CAASP também participa dessa iniciativa, é multipatrocinada. Mais ainda com a adesão de OABs de outros Estados.

Normalmente, nesses fundos multipatrocinados, releva a solidariedade entre os patrocinadores, mas no que diz respeito aos instituidores, tal responsabilidade é bastante arrefecida.

9) OAB-SP

OAB-SP é a sigla que designa a Ordem dos Advogados de São Paulo, uma entidade que congrega e controla o exercício profissional dos advogados paulistas. É considerada *sui generis* por apresentar características da iniciativa privada e do serviço público e por substituir o papel monitorador do Estado.

10) Seccional da OAB

A OAB tem um Conselho Federal sediado em Brasília e seccionais nos 26 Estados do País. A de São Paulo é a que tem o maior número de associados, com mais de 200 subseções.

11) CAASP

A CAASP é uma caixa de assistência social em favor dos advogados, prestando-lhes serviços de seguridade social, culturais, profissionais, sanitários e de variada ordem.

Conforme determina a Lei n. 8.906/94 a Caixa de Assistência dos Advogados, com personalidade jurídica própria, destina-se a prestar assistência aos inscritos no Conselho Seccional a que se vincule.

As Caixas de Assistência dos Advogados são criadas mediante aprovação e registro de seus estatutos pelo Conselho Seccional.

12) Plano de benefícios PREVER

Autorizada pela LBPC, a OABPrev preferiu delegar certas funções previdenciárias a uma entidade aberta de previdência complementar.

Conforme se colhe na abertura do Estatuto Social "as parcerias da OABPrev neste projeto são a Mongeral — a primeira empresa de previdência do País — responsável pela comercialização e cobertura de risco e a Icatu Hartford — destaque na gestão de recursos no mercado brasileiro – que será a gestora dos recursos do plano e responsável pela administração do passivo".

13) Contribuição definida

De modo geral, os planos de benefícios submetem-se a vários tipos de classificações didáticas, matéria doutrinária com alguma expressão legal. No que diz respeito ao regime financeiro, podem ser de capitalização e de repartição simples e outros mais. No que se refere ao tipo de plano, são tidos como de benefício definido (BD), benefício variável (BV) e de contribuição definida (CD).

A LBPC diz que os planos associativos têm de ser do tipo contribuição definida (CD). A explicação histórica é que em 2001 tais tipos estavam tecnicamente em moda e eram considerados os melhores para serem empreendidos, especialmente no que diz respeito às prestações programadas, ainda que o RB da OABPrev preveja apenas duas delas e duas não programadas.

Grosso modo, didaticamente o plano de benefícios de contribuição definida é aquele cuja prestação depende exclusivamente de dois fatores: a) contribuição aportada e b) fruto das aplicações financeiras oriundas dessas contribuições. Logo, os advogados terão um capital constituído de contribuições básicas, eventuais (e de risco, no caso da invalidez ou morte).

14) Redação do RB

O texto do RB padece de precariedades redacionais que poderiam ser evitadas. Ora reporta-se *ao* OABPrev, ora *à* OABPrev e põe maiúsculas onde não deve, repete normas, as divide mal, etc. Pior, comete erros de concordância e nem sempre se preocupa com a precisão.

15) Norma regulamentadora

A principal norma regulamentadora das entidades associativas é a Resolução CGPC n. 12/02, que trata: I — Das disposições gerais (arts. 2º/3º); II — Autorização para a constituição (arts. 4º/6º); III — Instituição de planos de benefícios (arts. 7º/8º); IV — Formalização da condição de instituidor (art. 9º); V — Plano de benefícios (arts. 10/14) e VI — Disposições finais (arts. 13/15).

Tendo em vista a natureza normativa do *caput* do art. 1º, da essência em relação ao plano de benefícios, ser uma disposição declaratória e não constitutiva de direitos, era melhor que o tema tratado no parágrafo único fosse um artigo distinto; ele trata de questões materiais e formais como inscrição e qualidade de segurado.

Diz o parágrafo único que a condição lógica, jurídica e formal, para a fruição das prestações é estar o participante inscrito no plano de benefícios (igual valendo para os dependentes) e deter a qualidade de participante (RB, art. 8º).

1) Inscrição do participante

A inscrição é ato formal, compreendendo o preenchimento de formulários, uma instrução administrativa procedida até final aprovação pela OABPrev (RB, arts. 3/5º).

Se ela não estiver aperfeiçoada com a sua ultimação e sobrevier uma das contingências protegidas (especialmente o falecimento do advogado), será preciso considerar o significado do parágrafo único. Se o pedido atendia às determinações legais e regulamentares, prevalece a intenção do segurado.

2) Qualidade de segurado

De regra, o participante de um fundo de pensão não tem (I), adquire (II), mantém (III), perde a qualidade de segurado (IV) e a recupera (V).

Ele não a tem, ainda que sendo advogado, se não solicitou a inscrição. Ela é adquirida quando esse ato é aperfeiçoado internamente. É tida com as contribuições mensais. Perecida se o requerer, falecer, receber benefícios, resgatar ou exercer a portabilidade (RB, art. 6º, I/IV). Cabendo, é claro, ser restabelecida, caso praticados os atos necessários.

3) Manutenção da qualidade

Designa-se manutenção da qualidade ao estado jurídico daquele segurado que não perdeu a condição que sustentava essa qualidade (exercício da advocacia) e que a preserva por algum tempo mediante o comportamento definido no RB.

De acordo com o art. 8º, a qualidade é mantida se o advogado cumpre alguma das situações ali previstas.

4) Benefícios previstos

Utilizando-se da expressão "benefícios previstos" *in fine* do parágrafo único, será preciso esclarecer quais são eles. Em relação aos dois previsíveis (aposentadoria programada e abono anual) e dois não previsíveis (invalidez e pensão por morte) não pairam dúvidas: são prestações de natureza complementar.

O *vesting* pode ser entendido como um benefício proporcional diferido de quem se afastou da instituidora (OAB), mas não da instituída (OABPrev), nesta permanecendo numa situação jurídica particular (LBPC, art. 14), mas o RB o tem como instituto técnico.

O resgate também seria uma prestação de pagamento único excepcional e igual se passa com a portabilidade, mas ambas se esgotam quando de sua realização e a pessoa se afasta da entidade (LBPC, art. 14).

O autopatrocínio não deve ser considerado benefício e sim um regime jurídico permitido pela LBPC (art. 14).

Capítulo II *Conceitos Básicos*

CAPÍTULO II

DAS DEFINIÇÕES

Art. 2º. Para efeito deste regulamento entende-se por:

I. BENEFICIÁRIO: as pessoas indicadas pelo participante, para receber benefício previsto no Regulamento, em decorrência do seu falecimento.

II. BENEFÍCIO MÍNIMO MENSAL DE REFERÊNCIA: valor mínimo mensal que servirá como base para pagamento de benefício.

III. BENEFÍCIO PREVIDENCIÁRIO PROGRAMADO: benefício concedido ao participante quando preenchidas todas as condições de elegibilidade.

IV. BENEFÍCIO PROPORCIONAL DIFERIDO: instituto que faculta ao participante, em razão da cessação do vínculo associativo com o instituidor, optar por receber em tempo futuro, benefício de renda programada, calculado de acordo com as normas do plano de benefícios.

V. CONTRIBUIÇÃO BÁSICA: contribuição mensal obrigatória realizada pelo participante.

VI. CONTA BENEFÍCIO: conta individual do Participante ou de seu Beneficiário criada no ato da concessão do benefício, que receberá os recursos da Conta Participante e da Parcela Adicional de Risco e que será de base para cálculo dos Benefícios Previdenciários previstos no Plano.

VII. CONTA PARTICIPANTE: saldo individualizado que servirá de base para o cálculo do benefício, sendo composto pelas Contribuições Básica e Eventual, Transferência por Portabilidade e pela Parcela Adicional de Risco.

VIII. CONTRIBUIÇÃO EVENTUAL: contribuição esporádica realizada pelo participante ou pelo empregador.

IX. CONTRIBUIÇÃO DE RISCO: contribuição previdenciária mensal realizada pelo Participante, destinada à contratação, pela OABPrev, da Parcela Adicional de Risco junto à sociedade seguradora autorizada a funcionar no País.

X. DATA DE CÁLCULO: data que servirá de base para a realização do cálculo do benefício.

XI. ELEGIBILIDADE: condição fixada no regulamento do plano de benefícios para que o participante exerça o direito a um dos institutos ou benefícios previstos.

XII. EXTRATO DO PARTICIPANTE: documento a ser disponibilizado, periodicamente, pela entidade, registrando as movimentações financeiras bem como o saldo da Conta Participante.

XIII. INSTITUIDOR: pessoa jurídica de caráter profissional, classista ou setorial que instituiu plano de benefícios para seus associados e membros.

XIV. PARTICIPANTE: pessoa física associado ou membro do Instituidor, inscrita no Plano de Benefícios.

XV. PARTICIPANTE ASSISTIDO: participante que esteja em gozo de benefício garantido por este plano.

XVI. PARTICIPANTE ATIVO: participante que não esteja em gozo de benefício garantido por este plano.

XVII. PARTICIPANTE LICENCIADO: o Participante Ativo que se encontra com suas contribuições básicas suspensas temporariamente, na forma deste Regulamento.

XVIII. PARTICIPANTE REMIDO: participante ativo que optar pelo Instituto do Benefício Proporcional Diferido, após a cessação do vínculo com o Instituidor.

XIX. PARTICIPANTE VINCULADO: participante ativo que mantém suas contribuições para o Plano de Benefícios após a cessação do vínculo com o Instituidor.

XX. PORTABILIDADE: instituto que faculta ao participante, nos termos da legislação aplicável, portar os recursos financeiros correspondentes ao saldo da Conta Participante, para outro plano de previdência complementar.

XXI. REGULAMENTO: documento que estabelece as disposições do plano de benefícios, disciplinando, entre outras coisas, as condições de ingresso e saída de participante, elenco de benefícios a serem oferecidos, com suas respectivas condições de elegibilidade e forma de pagamento.

XXII. RENDA MENSAL POR PRAZO DETERMINADO: valor pago mensalmente aos Participantes ou Beneficiários, calculado com base no saldo de Conta Benefício e prazo de recebimento escolhido.

XXIII. RENDA MENSAL POR PRAZO INDETERMINADO: valor pago mensalmente, aos Participantes ou Beneficiários, calculado com base no saldo da Conta Benefício e a expectativa de média de vida do Participante ou Beneficiário.

XXIV. RESGATE: instituto que prevê o recebimento do saldo da Conta Participante, na forma do regulamento, quando do desligamento do plano de benefícios.

XXV. SUBCONTA PORTABILIDADE: conta formada pelos valores transferidos de outros Plano de Benefícios, que integrarão a Conta Participante.

XXVI. TERMO DE OPÇÃO: documento pelo o qual o participante fará a opção por um dos institutos previstos no plano de benefícios (Resgate, Portabilidade ou Benefício Proporcional Diferido).

Remissão: arts. 14/15 e 17 da LBPC;

    art. 16, I/III, do PBPS;

    art. 7º, §§ 1º/4º, do RB;

    Resolução CCPC n. 12/02;

    Resolução CGPC n. 6/03;

    Resolução SPC n. 5/03.

Neste utilíssimo art. 2º, o RB da OABPrev define, conceitua ou retrata o que ele entende, com vistas à previdência complementar e para uso do próprio Regulamento Básico, definição válida para todos os seus efeitos. Um glossário com 26 verbetes, alguns dos quais merecendo observações (Resolução CGPC n. 12/02).

Usando linguagem própria, distinta da legislação da previdência básica (em que é gênero e que tem como espécies o segurado e os dependentes), o RB chama de beneficiários as pessoas que o participante indicou quando da inscrição, por ele designado como indicação. O dispositivo deixa claro que essa nomenclatura diz respeito ao titular de direitos nascido do falecimento do participante, mas ele assim será mesmo antes disso (embora conclusão de pouca explicação prática).

Quando menciona o falecimento, tendo em vista que pensa em prestação dos dependentes, é preciso ajuizar também com quem se ausentou e com quem desapareceu. Quando destes dois últimos infaustos acontecimentos, da mesma forma, aqueles indicados serão tidos como beneficiários.

Entre os benefícios programados, inspirando-se na prestação mínima constitucional, o RB alude a um benefício mínimo a ser pago pela OABPrev., que, inicialmente, será de R$ 120,00.

Benefício programado, desnecessariamente designado como sendo previdenciário, só poderia ser a complementação da aposentadoria por tempo de contribuição e a aposentadoria por idade, mas só há previsão da aposentadoria programada. Desde a definição, fica claro que o participante somente fará jus à concessão após ele completar os requisitos regulamentares, conhecidos como condições de elegibilidade.

O inciso IV trata do *vesting* (RB, arts. 37/39). Se, por qualquer motivo, o participante ativo cessar o vínculo com a OAB ou o tiver cessado por iniciativa desta (assemelhando-se à figura do empregado que rompeu o vínculo com empregador) e optar por não resgatar (inciso XXIV) ou continuar como vinculado (inciso XIX), preferindo receber um benefício proporcional quando completar os pressupostos do Regulamento Básico, não mais recolhendo contribuições, o RB o designa como participante remido (inciso XVIII).

Contribuição básica, que a LBPC chama de contribuição normal (nomenclatura superior, porque distingue da contribuição da previdência básica), é aquela que custeia o sistema. Fundamental, mensal, ordinária, com a característica essencial de ser forçada, obrigação cifrada a partir da admissão no plano de benefícios; ingresso, que *per se*, é facultativo (RB, arts. 9º/15).

Exceto nas modalidades previstas de afastamento (RB, art. 13), se não recolhida implicará em inadimplência por parte do advogado.

O Regulamento Básico da OABPrev prevê duas contas individualizadas: a) uma dos participantes, em que registradas as contribuições efetuadas (inciso VII) e b) uma dos benefícios, em que registradas as contribuições dos participantes assistidos e beneficiários (inciso VI).

Os participantes assistidos fazem recolhimentos, destinados a custear a pensão por morte.

Essa conta surge quando da concessão de benefícios, administrativamente funcionando a par da Conta Participante.

Tendo em vista tratar-se de um plano de contribuição definida, cada participante terá uma conta individualizada, em que serão escriturados os seus pagamentos normais (básicos), recursos da portabilidade (de quem deixou outro fundo de pensão e ingressou na OABPrev), contribuições eventuais e as da parcela adicional de risco.

É prevista uma contribuição ocasional, de vontade do participante, que assim melhorará o seu capital. Na hipótese de se tratar de advogado empregado e assim convencionado, o empregador fará aportes mensais que, a despeito de serem permanentes, serão didaticamente considerados eventuais.

Tornando este plano de benefícios híbrido, como não poderia deixar de ser, há previsão para custeio das prestações não programadas. Assim, tal contribuição destina-se a financiar um verdadeiro seguro privado em companhia seguradora particular, para cobrir as contingências da invalidez e da morte.

O inciso IX a chama de contribuição de risco, nada impedindo que a ela seja associada à idéia de contribuição eventual, a reforçar o prêmio.

No inciso X é definida a data-base do início das prestações, preferivelmente o último dia de certo mês. Nessa linha de corte será apurado o capital acumulado do participante e do seu total serão aferidas as prestações devidas.

Outra vez consagrando expressão típica do segmento complementar (por determinação da Resolução CGPC n. 12/02), o inciso XI define os critérios, pressupostos os requisitos, que ele chama de elegibilidade. Note-se que são as disposições estampadas no RB e não em outras fontes e basicamente são: a) inscrição; b) idade mínima escolhida; c) período de carência; d) adimplência; etc.

Atendendo ao princípio constitucional da transparência, dispõe o inciso XII sobre um documento emitido periodicamente pela OABPrev, mediante o qual o participante tomará conhecimento das variações do saldo financeiro de sua conta.

Em vez de indicar a OAB e a CAASP como as instituidoras da OABPrev, didaticamente o RB preferiu fornecer um conceito do que seja um instituidor, indicando ser pessoa jurídica que detenha o caráter profissional classista ou setorial, com a condição de que institua um plano de benefícios.

Na verdade ele quis dizer que institua uma EFPC, que por sua vez criará um plano de benefícios. A OAB ou a CAASP ou qualquer sindicato, cooperativa, etc., não podem criar planos de benefícios.

Tendo em vista que admite a hipótese, poderia ter concebido um verbete para o empregador (contribuinte), explicando que não será patrocinador.

Finalmente, o inciso XIV define genericamente o participante, impondo a condição de ser associado ou membro da instituição, *in casu* a OAB, *ipso facto* um advogado e que esteja inscrito. Logo o profissional de direito, enquanto não aperfeiçoado ato de admissão, será um pretendente, mas não um participante. Por outro lado, se inscrito e ainda sem contribuir, será um protegido.

Se alguém formado em direito não se inscreveu na OAB não será advogado, mas um bacharel em direito e, nessas condições, não poderá ser admitido na OABPrev.

Mas adiante, nos incisos XV/XIX, explica as modalidades admitidas.

No inciso XV comparece o participante assistido. Corresponde ao advogado complementado, aquele que está em gozo de benefício. Portanto, sem ser confundido com aqueles que se utilizaram dos institutos técnicos (resgate, portabilidade, *vesting* ou vinculado).

Não há expressão designativa do beneficiário em gozo de benefício, logo será um percipiente de pensão por morte.

Sem que isso represente qualquer prejuízo, exceto quando a lei fizer a distinção, o glossário poderia ter individualizado o participante em risco iminente, que é aquele que preencheu os requisitos regulamentares, mas não requereu a prestação, aquele que é participante ativo, mas tem os direitos assegurados.

O participante propriamente dito, antecipado no inciso XIV, comparece agora no inciso XVI, ativo no sentido de estar em atividade contributiva, aportando mensalmente para o fundo de pensão, ou seja, quem não está em gozo de benefício (embora definições por exclusão não sejam recomendadas).

Como descrito, fica claro que cotizando, sem afastar da classificação o inadimplente, que também é participante ativo.

Em algumas hipóteses, o participante poderá estar afastado da entidade, com as contribuições temporariamente suspensas.

Neste caso, ele é designado participante licenciado (inciso XVII).

No inciso XVIII contempla-se um participante remido, quem optou pelo *vesting* e que, embora não mais verta contribuições, ainda se mantém com o título de participante. Remido, exatamente porque não recolhe mais, mas poderá usufruir do benefício proporcional diferido.

Na hipótese de voltar à OABPrev como contribuinte, readquirirá a condição de participante ativo, podendo desfazer o Termo de Opção em favor do *vesting* para fazer jus a uma aposentadoria.

Por último, o participante vinculado (inciso XIX), usualmente designado como vinculado. Aqui não cabe a menção a autopatrocinado; todos os participantes de entidades associativas já o são.

Embora afastado da OAB ele optou por manter-se contribuinte e, assim, quando da percepção da prestação poderá auferi-la em seu nível máximo.

Portabilidade é um instituto técnico criado pela LC n. 109/01, segundo o qual um participante deixa o patrocinador e a entidade e adota um novo patrocinador (ou não) e nova entidade, para lá aportar os recursos que amealhou na primeira entidade (EFPC emissora), mediante o Termo de Portabilidade, sem ter acesso aos valores admitidos como dotação inicial na segunda entidade (EFPC receptora).

Em se tratando de entidade associativa, a transferência de capitais dificilmente ocorrerá para outra entidade, mas sendo viável para EFPC em outro Estado, até mesmo uma entidade classista ou setorial, e até mesmo para entidade aberta de previdência complementar.

Eventualmente, um advogado que ingresse na magistratura filiado ao fundo de pensão público do art. 40 da CF, para lá poderia portar o capital acumulado na OABPrev.

Novamente tratando dos regulamentos de modo geral e não especificamente do da OABPrev, o inciso XXI define o papel dos regulamentos básicos das EFPC. Numa primeira revisão recomenda-se que troque a expressão "coisas" por "outros aspectos". Em razão de sua impropriedade semântica.

No inciso XXII é estabelecido o conceito de renda programada, intitulada como renda por prazo determinado. Consiste num valor mensal com duração pre-determinada pelo titular (participante ou beneficiário), a partir do saldo da Conta Benefício, *quantum* que será possivelmente maior que o de uma renda vitalícia (inciso XXIII).

Fazendo paralelo com a renda programada, o inciso XXIII trata de uma renda vitalícia, restando claro que o montante mensal dependerá do capital acumulado pelo advogado ao longo do tempo, para ele ou seu dependente, e fixado em função da esperança média de vida que ele e seus beneficiários têm na ocasião da concessão e que, à evidência, dependerá da tábua de mortalidade adotada pela OABPrev.

Em seu art. 14, III, a LBPC disciplina o resgate, uma modalidade de baixo índice de protetividade previdenciária. Já o conceituamos: "Possibilidade de o participante que se arreda do fundo de pensão, sem que tenha tido oportunidade de usufruir as prestações de pagamento continuadas convencionadas (por não ter preenchido os requisitos pactuados), sacar e dispor livremente o que aportou mensalmente, montante freqüentemente designado como reserva de poupança, acrescendo dos ganhos financeiros e deduzidos certos ônus inerentes à relação jurídica de previdência complementar" (*Comentários à Lei Básica da Previdência Complementar*, São Paulo: LTr, 2003, p. 143).

Pelo título de Subconta Portabilidade se entenderão os valores que foram aduzidos à OABPrev, na conta do interessado, provenientes de EPC, aberta ou fechada, conforme a disposição do participante.

Derradeiramente, no inciso XXVI, o Regulamento Básico da OABPrev descreve um documento por intermédio do qual o participante escolherá qual dos institutos técnicos ele deseja quando do afastamento da OAB e da OABPrev: se será o resgate, a portabilidade ou o *vesting*.

Capítulo III   *Destinatários da OABPrev*

CAPÍTULO III

DOS PARTICIPANTES E BENEFICIÁRIOS

Seção I

DO INGRESSO DO PARTICIPANTE

Art. 3º. O pedido de inscrição como Participante do Plano de Benefícios poderá ser efetuado pelo interessado que for associado do Instituidor, pela manifestação formal de vontade, mediante proposta de inscrição fornecida pelo OABPrev, devidamente instruída com os documentos por ela exigidos.

Parágrafo único. Na ocasião de sua inscrição no plano o Participante indicará a idade na qual será elegível à Aposentadoria Programada, a qual somente poderá ser modificada desde que faltem mais de 12 (doze) meses para que adquira as condições de elegibilidade ao benefício.

Remissão: Lei n. 8.906/94;

       arts. 25/27 do RB.

O art. 3º trata de aspecto formal relevante para o nascimento da relação jurídica de previdência complementar, um dos poucos em que o advogado exercerá sua volição e que é indispensável ao aperfeiçoamento desse vínculo. Desejando ingressar no plano de benefícios, ele preencherá uma proposta de adesão a ser examinada pela OABPrev, para verificar se estão cumpridos os preceitos do Regulamento Básico. Pedido que poderá ser indeferido, restando-lhe recorrer dessa decisão.

Resta evidente também a facultatividade de ingresso por parte do participante, sem que a isso corresponda qualquer faculdade à OABPrev. Uma vez preenchidos os requisitos regulamentares, o advogado tem o direito subjetivo de ingressar e a entidade sem poder rejeitar essa inscrição. Não há disciplina sobre o ingresso do incapaz e tal omissão gerará dissídios futuros.

Uma das condições fundamentais é ser advogado, no sentido de um bacharel de direito inscrito na OAB, daí a necessidade de apresentação da Carteira de Identidade de Advogado (art. 13 da Lei n. 8.906/94).

Questão a ser resolvida no âmbito jurídico da entidade diz respeito a saber se no interregno, que vai desde o protocolo do pedido de inscrição e a aprovação pela OABPrev, sobrevier uma contingência protegida (cifrada às duas prestações não programadas). O ato de concessão é declaratório de um direito que nasceu quando o titular demonstrou a vontade de se inscrever (claro, se ele preenchia os requisitos regulamentares), cabendo, pois, a concessão do benefício devido.

Há os que entendem que o início da relação jurídica se dá com o pagamento da primeira contribuição.

Doutrinariamente, os documentos exigidos podem ser:

I — Preenchimento do formulário.

II — Carteira da OAB.

III — Documento de Identidade.

IV — CPF do Ministério da Fazenda.

V — Indicação de beneficiários.

VI — Modalidade do pagamento das mensalidades.

VII — Escolha da contribuição.

VIII — Outros mais.

O parágrafo único está relacionado diretamente com a prestação Aposentadoria Programada (RB, arts. 26, I e 27). No mesmo ato de inscrição, de regra, ele deverá indicar a idade em que pretende receber esse benefício que, à evidência, somente poderá ser um mínimo de 24 meses adiante (RB, art. 27, II).

Esta é determinação que não invalida a inscrição, caso o participante e a entidade não tenham se dado conta de que o inscrito não indicou aquela idade, podendo ser feita *a posteriori*, contado o prazo de 24 meses da data da inscrição.

A expressão dessa vontade produzirá celeumas. Evidentemente é *intuitu personae* e a princípio somente o titular pode exercê-la, mas ao gestor apresentar-se-ão situações que merecem atenção. Dá-se exemplo com aquele que não indicou a idade e, agora, não pode fazê-lo por estar ausente ou incapaz (ou por ter falecido). Entende-se que procurador e curador têm permissão para substituir essa vontade, mas se ele falece antes, de nada servirá a indicação.

É disciplinada a possibilidade de modificação da idade para o gozo da prestação, que poderá ampliar ou encurtar a idade antes desejada. Bastará cumprir *in fine* quando diz que só acontecerá se ele estiver a mais de doze meses da data em que fará jus à prestação (que, em última análise depende de uma carência de 24 meses e ter atingido a idade estabelecida).

Capítulo IV — *Indicação dos Beneficiários*

Art. 4º. O Participante deverá, no ato de inscrição, preencher os formulários, nos quais indicará os seus respectivos beneficiários e autorizará a cobrança das contribuições de que trata este Regulamento, mediante débito em conta corrente, boleto bancário ou desconto em folha de pagamento.

Remissão: Lei n. 10.406/02;

    art. 16, I/III, do PBPS.

No Regime Geral de Previdência Social existia um instituto técnico intitulado "designação de dependentes", hoje reduzida essa situação aos beneficiários elencados nos incisos I/III do art. 16 do PBPS.

Na previdência complementar subsiste a relevância dessa designação, mas no RB da OABPrev isso é referido como indicação de beneficiários.

Não há um rol de beneficiários necessários ou concorrentes, privilegiados ou sem privilégios. O advogado escolherá quem ele quiser, podendo ser esposa ou companheira, filhos válidos ou inválidos, pais, irmãos, etc. ou pessoas estranhas a sua família. A ordem de vocação civil somente será aplicada, se ele falecer sem ter deixado a indicação de beneficiários. À luz do art. 5º do RB, não há prazo para isso.

Evidentemente que a condição biométrica desses designados interessará de perto ao matemático assistente da EFPC, em face da manutenção da pensão por morte do advogado (RB, art. 29), maior ou menor em cada caso.

Como não poderia deixar de acontecer, há que se suscitar o direito daqueles que se julgarem indicados (principalmente parentes do núcleo familiar) na ausência da nomeação. O gestor da OABPrev terá de enfrentar provas da indicação *post-mortem* (até porque o RB silenciou a respeito).

Nos moldes em que foi preceituado o dispositivo não há qualquer presunção de que o advogado queria proteger a esposa ou a companheira, um filho inválido (*sic*) ou os pais necessitados. Conclusão que é extraída do fato de que essas pessoas geralmente são herdeiras e no art. 29, §§ 1º/2º, se encontrará parte da solução.

Depois de aclarar um pouco essa formidável designação de dependentes, *in fine* o *caput* do art. 3º prevê a opção do participante escolher qual a modalidade de pagamento mensal ele deseja: a) débito em conta corrente; b) boleto bancário, que a entidade emitirá todo mês; e c) desconto em folha de pagamento.

Falando em folha de pagamento, não exclui a possibilidade de a empresa, para a qual o advogado presta serviços como autônomo, descontar-lhe a contribuição e vertê-la à OABPrev. O que não se vê claramente é a figura do pagamento direto no caixa da entidade.

A eleição da volição do participante como determinante da definição dos seus beneficiários, substituindo a vontade da lei, é cláusula libertadora do homem. Nessas, partindo do pressuposto de que é um direito patrimonial, ele pode dispor livremente do capital acumulado. Essa disposição em relação a quem tem família será objeto de discussão, especialmente se o titular falecer depois de ter vivido com alguém que não possa ser considerado como herdeiro ou, sendo casado, designar homem ou mulher que seja o seu cônjuge (máxime se se tratar de pessoa sem condições de subsistência).

Com esteio na razão da Ação Civil Pública n. 2000.71.00.009347-0 poderá designar um convivente homossexual.

Capítulo V   *Alterações da Indicação*

Art. 5º. O Participante é obrigado a comunicar ao OABPrev qualquer modificação nas informações prestadas, dentro do prazo de trinta dias da sua ocorrência, inclusive àquelas relativas a seus beneficiários

Remissão: arts. 3º/4º do RB.

No art. 4º, depois de ter enfatizado a indicação e aproveitado o ensejo e regrado a modalidade de quitação mensal dos aportes, aqui neste art. 5º o RB destaca a importância de alterações no recolhimento e *in fine* fala do que é mais relevante: a substituição dos beneficiários.

A primeira parte do dispositivo dispensa comentários; dentro de 30 dias o advogado terá de avisar a OABPrev as mudança havidas no modo de pagamento, não devendo fazê-lo verbalmente, mas operando por carta e até mesmo via *e-mail*.

A segunda parte trata da indicação inicial dos beneficiários, se ela não ocorreu quando da inscrição ou da substituição, desobrigado o advogado de explicar ou justificar o seu procedimento. A exclusão poderá derivar de falecimento, separação ou outro motivo particular de quem indica.

A exemplo do que se lembrou com relação a não nomeação inicial quando da inscrição, tem-se o problema do participante, homem ou mulher, que se separou da mulher ou do homem e que está vivendo com outra pessoa, principalmente se não herdeira. Se o participante sempre quis proteger a companheira ou o companheiro e por qualquer motivo não atendeu ao art. 5º, se poderá entender que vivendo com outra pessoa, ele também a desejaria proteger.

Imaginando-se que fora do prazo de 30 dias, mas antes da contingência ele tenha promovido a nova indicação, num regime jurídico em que vontade é eleita como relevante, agirá corretamente o gestor que convalidar esse procedimento.

Qualidade de Participante   *Capítulo VI*

Seção II

DA PERDA DA QUALIDADE DE PARTICIPANTE

Art. 6º. Perderá a condição de Participante aquele que:

I — o requerer;

II — falecer;

III — ter recebido integralmente os valores dos benefícios previstos por este plano;

IV — exercer a portabilidade ou resgate nos termos dos arts. 40 e 44, deste Regulamento.

Parágrafo único. O Participante que requerer o cancelamento de sua inscrição terá direito ao instituto do resgate previsto no art. 44, deste Regulamento.

Remissão: art. 15 do PBPS;

      arts. 8º, 40 e 44 do RB.

Qualidade de segurado é matéria significativa no RGPS, de muito significado no RPPS, e com menor relevância na previdência complementar (dada sua modelagem). Convém examinar quais os direitos perecidos, quando o participante perde essa condição, em face da decadência de direitos (RB, art. 52).

Embora cuide da qualidade de participante, que também chama de condição, o dispositivo não determina em que momento esse atributo é adquirido. O intérprete dispõe de pelo menos três momentos para ajuizar: a) data do protocolo do pedido de inscrição; b) data do aperfeiçoamento da admissão; c) quando deveu ou pagou a primeira contribuição.

Como já ressaltado, em face da protetividade do segmento, a primeira delas é que deve ser considerada.

O artigo aclara que ao receber o benefício previsto, o advogado não mais deterá a condição de participante. A hipótese somente ocorrerá com a aposentadoria programada com renda programada; nos demais casos, quando ele falecer.

Também não trata o Regulamento Básico da manutenção da qualidade, possivelmente diante da obviedade. Com efeito, após a admissão e até que se afaste da entidade e continue contribuindo, esse atributo de segurado é mantido.

O destaque que a disposição merece diz respeito ao fato de que na previdência social, de regra (excetuando o direito adquirido), o exercício do direito é garantido para quem é segurado, *in casu*, participante. Hoje em dia isso é um verdadeiro anacronismo, tantas são as hipóteses em que o ex-segurado pode solicitar o benefício, especialmente o que se refere ao direito adquirido. Ou seja, dentro dos cinco anos regulamentares não terá importância o advogado perder a qualidade de participante, se antes disso ele preencheu os requisitos regulamentares.

Diferentemente do art. 15 do PBPS, o Regulamento Básico da OABPrev não previu um período de manutenção da qualidade de participante. Ou seja, cessada a relação jurídica com a EFPC, no dia seguinte desaparecem os direitos inerentes à perda da qualidade de segurado. Destarte, afastado da entidade com fulcro nos incisos I e III/IV, se for acometido por uma moléstia invalidante não fará jus ao benefício (RB, art. 28) nem seus beneficiários terão direito à pensão por morte (RB, art. 29).

A primeira hipótese de perda da qualidade de participante se dá por vontade do titular (inciso I). Não mais querendo participar da proteção oferecida, mediante um requerimento ele externará à OABPrev o desejo de se afastar. Terá de protocolizar esse pedido, caso contrário será entendido como mero inadimplente (RB, art. 14).

Ainda que o deferimento da pretensão demore algum tempo, o efeito é *ex nunc*, ou seja, desde a data que ele estabeleceu no requerimento, e não o fez, no momento do protocolo.

Quem está requerendo um benefício não tem necessidade de pedir o afastamento, que será tido como natural a partir da Data do Início do Benefício (inciso III).

O requerimento pode ser feito de próprio punho ou por intermédio de procurador ou curador.

O RB não dispôs sobre a reaquisição da qualidade de participante. Um advogado poderá se afastar da OAB por vários motivos e retornar e, de igual maneira, poderá abandonar a OABPrev e se reaproximar da entidade.

Ainda que não necessária a explicação, é curiosa a construção: "Perderá a condição de participante aquele que: I — o requerer" (claro, o afastamento).

Mors omnia solvit. Com a morte, cessa tudo. Os parentes comunicarão à OABPrev o falecimento do advogado, cessando a exigência das contribuições e considerando-se a hipótese da pensão por morte.

Reconhecida a ausência ou o desaparecimento, a família também se obriga a comunicar à EFPC o ocorrido.

No inciso III, o Regulamento Básico fala em benefícios previstos e estes só podem ser os do art. 26, I (aposentadoria programada) e II (aposentadoria por invalidez). Feito o pagamento da última mensalidade (no caso da renda programada) ou data de óbito do participante (no caso da renda vitalícia), ele perde o atributo jurídico. A oração padece de pequeno cochilo semântico, porque o *caput* fala em "aquele que", seguindo-se o "ter recebido", e deveria ser "recebeu".

O artigo não se esqueceu dos institutos técnicos. Se o advogado resgatar, logo depois ele perderá a condição de participante, o mesmo ocorrendo com aquele que se utilizar da portabilidade (inciso IV).

De todo modo resta a dúvida em relação a quem optou pelo *vesting*, se ele continuará com o título jurídico de participante; de certo modo, seja total ou potencialmente, ele será um segurado. De acordo com o art. 2º, XVIII, do RB, é designado como participante remido.

Por último, o artigo trata de dois institutos técnicos ligados à qualidade de participante: resgate e portabilidade. Tecnicamente são semelhantes, especialmente no que diz respeito ao valor. A diferença continua sendo a disponibilidade: quem resgata pode apropriar-se do recurso financeiro e quem opta pela portabilidade, tem de conduzir o mesmo recurso para outra entidade, em que resgatará ou não, conforme as circunstâncias.

Mas, resgatando ou portando, o advogado perde a condição de participante da OABPrev e haverá casos, mudando de Estado da federação, em que prosseguirá protegido por uma entidade associativa dos advogados, desde que ali previamente se inscreva.

Desfazendo eventuais dúvidas que possam surgir em decorrência do inciso IV e do disposto nos arts. 44/45, o parágrafo único garante que quem cancelar a inscrição, que é circunstância contemplada no inciso I, fará jus ao resgate. Ou seja, em suma: quem resgatar, se afasta e quem se afastar, resgata.

Capítulo VII   *Indicação de Beneficiários*

Seção III

DOS BENEFICIÁRIOS

Art. 7º. O Participante poderá inscrever, para fins de recebimento do benefício de Pensão por Morte de Participante Ativo ou Assistido previsto no Plano, um ou mais Beneficiários.

§ 1º. No caso de haver indicação de mais de um Beneficiário, o Participante deverá informar, por escrito, o percentual do saldo da Conta Benefício que caberá a cada um deles no rateio.

§ 2º. Caso o Participante não informe o percentual que caberá a cada Beneficiário o saldo da Conta Benefício será rateado proporcionalmente entre o número de Beneficiários indicados.

§ 3º. O Participante poderá, a qualquer tempo, alterar a relação de Beneficiários e o percentual do saldo da Conta Benefício, mediante comunicação feita por escrito.

§ 4º. Cancelada a inscrição do Participante, cessará, automaticamente, o direito dos seus respectivos Beneficiários ao recebimento de qualquer benefício previsto neste Regulamento, salvo se o cancelamento da inscrição se der pelo falecimento do Participante.

Remissão: art. 16 do PBPS;

        art. 2º, I, e 29, do RB.

O art. 7º trata da designação, que o RB chama de indicação. O participante, quando da inscrição ou posteriormente, se desejar, poderá apontar um ou mais nomes de pessoas que receberão a pensão por morte, no caso do seu falecimento.

Neste momento, o Regulamento Básico esqueceu-se de regulamentar os créditos do advogado que falecer sem deixar beneficiários. Não será incorreta a interpretação que entender de aplicar, para o caso, as mesmas regras da pensão por morte, senão a família terá de buscar o Poder Judiciário.

Está claro que ele poderá indicar uma ou mais pessoas, membros do núcleo familiar ou não, do sexo oposto ou do mesmo sexo (na união homoafetiva). O regulamentador pensa na família, marido ou mulher, companheiro ou companheira e filhos; eventualmente, nos pais ou irmãos. Mas, de todo modo, quaisquer pessoas.

Importa agora deixar claro que tem permissão, se for do sexo masculino, para indicar duas mulheres e se do sexo feminino, para indicar dois homens. A distinção doutrinária entre companheiro (a) e amante, aqui perde sentido. Os dois beneficiários dividirão o benefício conforme os parágrafos do artigo.

Não há, também, qualquer relação de dependência econômica; o beneficiário fará jus ainda que mantenha o participante em vez de ser mantido por ele. Não releva; o raciocínio regulamentar é quase civilista, sem interesse a idade ou a higidez do beneficiário.

A Conta Benefício é sempre um capital de 100%. Quando indicar mais de um beneficiário, nos termos do § 1º, o participante terá de deixar claro qual é o percentual de cada um.

Por exemplo, 50% para a esposa e 10% para cada um dos cinco filhos (algo como queria a CLPS). Nada impede que divida aqueles 100% com os seus pais ou irmãos.

Fica evidente que isso levará a alguns absurdos, como será o caso de um percentual pequeno e cuja manutenção pela OABPrev poderá custar administrativamente mais que o valor a ser pago (devendo-se, então, pensar no pecúlio que liquide a obrigação do art. 34).

Se o advogado não preencheu o espaço para indicar a divisão na ficha de inscrição, porque se esqueceu ou não quis, caso ele tenha indicado mais de um beneficiário, o *quantum* será dividido. No caso de dois, 50% para cada um; sendo três, de 33,3% e assim por diante.

Aparentemente, ao escrever "proporcionalmente", o RB se equivocou porque não significa divisão; para que fosse proporcional teria que se referir a algum indicador.

Conforme o § 3º, além de alterar a relação de beneficiários, como indicado no art. 5º, a qualquer momento o participante tem permissão para alterar os percentuais originais.

Exceto na hipótese de concessão da pensão por morte, com o acessório segue o principal: cancelada a inscrição, desaparece o direito dos beneficiários antes indicados.

Capítulo VIII   ***Vinculado e Remido***

Seção IV

DA MANUTENÇÃO DA QUALIDADE DE PARTICIPANTE ATIVO

Art. 8º. O Participante ativo que deixar de ser associado ou membro do Instituidor e, na data do término do vínculo, não tenha se tornado elegível ao recebimento de qualquer benefício ou optado pelos institutos do Resgate ou da Portabilidade, poderá permanecer no Plano na condição de Participante Vinculado, caso continue efetuando normalmente suas contribuições, ou de Participante Remido, caso esteja elegível e opte pelo instituto do Benefício Proporcional Diferido.

Remissão: art. 195, § 4º, da CF;

           art. 14, IV, da LBPC;

           art. 21, V, da Lei n. 6.435/77;

           art. 11 da Lei n. 8.906/99;

           art. 31, VIII, do Decreto n. 81.240/78;

           art. 13 do PCSS;

           art. 14 do PBPS;

           Resoluções CGPC ns. 9/02, 12/02 e 6/03.

O art. 8º do Regulamento Básico da OABPrev cuida de importantes figuras de participantes não ativos: vinculado e remido. São dois tipos de relações jurídicas que o advogado poderá manter com a EFPC e que foram concebidos para que ele, vivendo determinadas circunstâncias profissionais, possa preservar os seus direitos previdenciários.

A presença, pela segunda vez, da expressão "elegível" é de difícil compreensão. Sendo certo que não pode ser vinculado quem tem direito a um benefício, *in fine* o uso dessa elegibilidade só pode significar que o advogado preenche os requisitos do *vesting*.

1) Nomenclatura do participante

O RB adota a expressão "vinculado", própria na medida em que o titular mantém vínculo com a entidade, a despeito de não mais usufruir de elo com a OAB. Não quis usar o "autopatrocinado" até porque essa designação calha melhor nas entidades patrocinadas e a OABPrev não é o caso. Também não prestigiou o "facultativo" do RGPS, vocábulo desconhecido na previdência complementar (já que facultativos são todos).

Ele, seguindo o equívoco do art. 31 da LPBC e não perfilhando a nomenclatura adotada pela Resolução CGPC n. 12/02, não fala em membro associativo; o que existe é associado. A Lei n. 8.906/94 prefere a expressão "inscrito" (na OAB).

2) Conceito doutrinário

Em diversas oportunidades descrevemos o vinculado, tentando encontrar uma definição apropriada. Já dissemos ser o "participante ativo, normalmente ainda não complementado, que não se afasta da entidade fechada, mas da patrocinadora, e deseja manter a qualidade de segurado, fazendo-o através de dúplice encargo financeiro (assemelhando-se, nesse particular, ao antigo contribuinte em dobro do RGPS)" (*Comentários à Lei Básica da Previdência Complementar*, São Paulo: LTr, 2002, p. 130).

In casu, o advogado que, por qualquer motivo, deixar de ser associado da OAB, até mesmo por exclusão dos seus quadros, poderá manter-se na OABPrev desde que continue contribuindo. Segundo o art. 11 da Lei n. 8.906/94: "Cancela-se a inscrição do profissional que: I – assim o requer; II — sofrer penalidade de exclusão; III) falecer; IV — passar a exercer, em caráter definitivo, atividade incompatível com a advocacia; V — perder qualquer um dos requisitos necessários para a inscrição".

3) Condições regulamentares

Conforme o convencionado no RB só podem ser vinculadas as pessoas que: a) desfiliaram-se da OAB; b) não tinham direito a algum benefício; c) não eram assistidas; d) não optaram por qualquer dos institutos (resgate, *vesting* ou portabilidade) e e) façam as contribuições usuais. No caso do remido, optar por receber o *vesting* adiante (*sic*).

4) Natureza jurídica

O regime jurídico do vinculado ou remido é do advogado que deseja manter-se participante do fundo de pensão, mas não reúne mais as condições básicas que é a de pertencer aos quadros da OAB.

O RB não impõe outras condições que não as elencadas e por esse motivo pouco importará, do ponto de vista moral, a causa determinante do seu afastamento do órgão de classe. Se foi por vontade própria ou por exclusão daquela entidade (Lei n. 8.906/94).

5) Qualidade de participante

Evidentemente, somente o titular da relação jurídica complementar é que pode ser vinculado ou remido: o participante. Não há menção ao assistido, porque não haveria sentido, nem ao beneficiário assistido.

6) Direito às prestações

Quem se afasta da OAB, mas não da OABPrev e se inscreve como vinculado, quando completar as exigências previstas no RB fará jus às prestações, sejam programadas ou não. Deve ser entendido como participante ativo regular, adotada essa nomenclatura diferente porque deixou a entidade associativa.

7) Direito à portabilidade

Mantendo-se na condição de vinculado e desejando portar os valores para outra entidade nas condições do art. 40 do RB, o participante poderá fazê-lo sem quaisquer obstáculos e deixará de integrar o quadro de participante da OABPrev.

8) Direito ao resgate

Da mesma forma, se desejar resgatar os capitais acumulados bastará proceder como indicado no RB.

9) Direito ao *vesting*

Evidentemente que falando agora do vinculado e não do remido, esse vinculado poderá cessar as contribuições mensais e optar pelo benefício proporcional diferido e se tornará um participante remido.

O Regulamento Básico não prevê a hipótese daquele que optou pelo *vesting* desejar se tornar um vinculado, mas como ele pode reingressar a qualquer momento na OABPrev, bastaria fazê-lo por um mês e logo em seguida tornar-se um vinculado.

10) Obrigações contributivas

O vinculado é um segurado normal, apenas afastado da OAB, logo assumirá as obrigações de contribuir mensalmente e será onerado com os acréscimos próprios caso de inadimplência (RB, art. 14).

Tipo de Contribuições   *Capítulo IX*

CAPÍTULO IV

DO PLANO DE CUSTEIO

Seção I

DAS CONTRIBUIÇÕES AO PLANO DE BENEFÍCIOS

Art. 9º. Os benefícios deste plano serão custeados por meio de aporte das seguintes contribuições:

I — Contribuição Básica;

II — Contribuição Eventual; e

III — Contribuição de Risco.

Remissão: Lei n. 8.212/91;

        art. 19, I/II, da LBPC;

        arts. 10/15 e 35 do RB.

O art. 9º classifica as contribuições do plano de benefícios da OABPrev, prevendo três modalidades e, por via de conseqüência, entendendo que o capital da portabilidade oriunda de outras EFPC não sejam contribuições. Quando fizerem parte da conta contribuição da conta benefício do participante produzirão os mesmos efeitos que aquelas vertidas inicialmente ao fundo de pensão.

Didaticamente, também não arrolou os acréscimos (art. 14) que, assim, não farão parte do capital acumulado dos inadimplentes.

O *caput* dá a tônica de que as contribuições serão exclusivamente dos participantes e, mais adiante, menciona a dos empregadores dos advogados, que poderia ter título próprio, mas, no art. 12, foram entendidas como eventuais.

Quaisquer resultados operacionais comerciais da EFPC, como o resultante da venda de um imóvel, farão parte do patrimônio da entidade sem inclusão na conta dos participantes.

As contribuições destinadas a custear as despesas administrativas, que farão parte das contribuições básicas e eventuais, de igual modo, poderiam ter designação própria (RB, art. 16).

Como se vê no *caput* do art. 19 da LBPC, as contribuições elencadas ficam comprometidas com os benefícios (RB, art. 26). Logo, não podem ter outro destino.

No que se refere às contribuições eventuais não está presente a idéia da LBPC, de que se destinam ao custeio de déficits; o tipo de plano de benefícios da OABPrev não prevê insuficiência de recursos (LBPC, art. 19, II).

No inciso I disciplina-se a contribuição básica, a principal ou normal como a designa a LC n. 109/01 (art. 19, I), melhor explicitada no art. 10 do RB.

Seu caráter obrigatório e mensal é evidente para quem facultativamente ingressou na OABPrev. E também a única que tem valor mínimo (RB, art. 10).

Não há previsão de décima terceira contribuição, ainda que haja previsão de um abono anual (art. 26, parágrafo único).

Em segundo lugar comparece a contribuição eventual, esmiuçada no art. 13. Não há dicção de que seja mensal, mas ficando claro ser facultativa. Em face *in fine* percebe-se que seja mensal, embora isso não esteja muito claro.

Sendo eventual poderá cessar a qualquer momento.

Por último (inciso III), a contribuição de risco, destinada às prestações não previsíveis (RB, art. 15), que será mensal e se destinará a uma companhia seguradora.

Contribuição Básica   Capítulo X

Art. 10. A Contribuição Básica, de caráter mensal e obrigatório, será livremente escolhida e vertida pelo Participante, observado o valor mínimo de R$ 50,00 (cinqüenta reais).

Remissão: art. 19, I, da LBPC;

    art. 9º, I do RB.

Iniciando a parte dispositiva do Capítulo IV — Do Plano de Custeio e abrindo a Seção I — Das Contribuições ao Plano de Benefícios, dispõe o art. 10 sobre a contribuição básica.

1) Conceito doutrinário

Tendo em vista o modelo adotado pelo RB, plano de capitalização e CD, essa contribuição básica é o aporte financeiro mensal e obrigatório, devido, destinado ao custeio das prestações previsíveis (aposentadoria programada e abono anual), que constitui a conta participante do advogado.

No comum dos casos ela será a fonte provedora da conta participante, a cotização que fomentará o capital acumulado de cada participante e que aplicada, produzirá os frutos dos investimentos. Por fim, que custeará a prestação aposentadoria programada de renda definida ou vitalícia.

2) Natureza jurídica

É evidente a natureza de contribuição complementar obrigatória em regime de proteção facultativa. Dever de natureza previdenciária regido pelo Convênio de Adesão entre OAB/CAASP e a OABPrev, Estatuto Social da OABPrev e seu Regulamento Básico. Crédito da entidade, podendo se transformar em débito do participante, no caso de inadimplência.

3) Obrigatoriedade

Uma vez inscrito, a contribuição é básica é obrigatória; se fosse correto dizer, mais obrigatória ainda é a mínima, mas ambas, a mínima e a escolhida, o são. Essa obrigatoriedade faz distinguir a previdência associativa da caderneta de poupança ou de aplicações financeiras dos indivíduos.

A entidade tem necessidade de fluxo de caixa para as despesas operacionais, investimentos e o pagamento das prestações dos demais participantes. Embora existam contas particulares garantidoras de cada um, os capitais são administrados em conjunto.

4) Mensalidade

Claramente, como sucede com o RGPS, a contribuição é mensal, não havendo menção a décima terceira contribuição. A mensalidade previdenciária (da previdência básica e complementar) e a salarial são meras convenções históricas; ocorrem porque também as principais despesas dos indivíduos são mensais, mas o participante poderia pagar apenas uma vez por ano.

Aliás, diante da possibilidade do aporte eventual, ele poderia pagar a cotização mínima mensal e no fim do ano, ou outro mês de sua escolha, pagar uma contribuição eventual de maior vulto.

5) Valor

Não há base de cálculo nem taxa de contribuição, mas contribuição pura e simplesmente. E aporte de escolha do participante.

Inexiste contribuição máxima, apenas mínima. O advogado escolherá aquela que ele deseja, e se não o fizer no pedido de inscrição, se entenderá que é a mínima.

O pagamento da primeira contribuição é condição para que o ato de inscrição seja aperfeiçoado.

6) Revisão

Pode ocorrer de o participante arrepender-se ou equivocar-se na contribuição efetivada, para mais ou para menos. Em relação ao passado, caso ele queira melhorar o fluxo mensal bastará fazer uma contribuição eventual.

7. *Quantum* mínimo

O RB prevê uma contribuição mínima, cuja razão de ser é o custo operacional de sua contabilização, que é R$ 50,00.

8. Inadimplência

Segurado obrigatório, se o advogado deixa de pagar as contribuições entra em inadimplência e será cobrado.

Escolha da Contribuição   Capítulo XI

Art. 11. O valor da Contribuição Básica deverá ser definido no dia de ingresso do Participante no Plano de Benefícios, podendo ser alterado quando o Participante entender conveniente.

Remissão arts. 2º, V e 10 do RB.

Depois de ter definido a contribuição básica, neste art. 11 o RB deixa claro que o participante tem o poder de escolher qual o montante mensal que verterá, direito aumentado com a contribuição eventual do art. 12.

Essa regra deriva do tipo de plano de contribuição definida, de tal sorte que o total do capital acumulado, além do fruto das aplicações, somente dependerá do advogado.

Vale lembrar que o dispositivo fala em alteração e não em majoração; logo, o advogado pode optar por pagar menos, hipótese em que se obriga à comunicação para que não se pense em inadimplência.

A escolha é manifestação de vontade do titular, mas um procurador para isso autorizado substituirá essa determinação.

Se for de sua vontade melhorar as contribuições em relação ao passado, bastará recolher contribuições eventuais ou uma só para suprir a insuficiência anterior, sem os acréscimos legais.

Tal possibilidade não pode ser confundida com a inadimplência, cuja solução implica nos acréscimos. Se advogado optou por pagar R$ 1.000,00 mensais, até que reveja essa decisão a contribuição será essa e se efetivamente pagou apenas R$ 600,00 está em débito com R$ 400,00 a ser satisfeito com os acréscimos do art. 14 do RB.

A idéia de que pagará com as sanções se deve ao fato de que entidade necessita do fluxo de caixa e de se programar em razão de suas despesas correntes. Evidentemente, à luz da liberdade ínsita ao regime contributivo da OABPrev, a matéria deve ser interpretada favoravelmente aos contribuintes.

Para fins de cobrança, se por ocasião da admissão o participante não indicar o montante da contribuição básica, sua vontade será substituída pelo mínimo.

Tendo em vista que também ocorreu culpa *in vigilando* de quem acolheu o pedido de inscrição, a autorização para recolher a diferença entre a vontade e o mínimo sem acréscimo será bem-vinda (conclusão extraída da lógica e do fato de que logo depois o participante poderia efetuar uma contribuição eventual).

Capítulo XII   *Contribuição Eventual*

> Art. 12. A Contribuição Eventual, de caráter facultativo, vertida pelo Participante ou seu empregador será livremente escolhida e recolhida na mesma data da Contribuição Básica.
>
> Parágrafo único. A contribuição eventual, vertida pelo empregador para o plano de benefícios, será objeto de instrumento contratual específico, celebrado entre este e o OABPrev-SP.
>
> Remissão: Resolução CGPC n. 12/02;
>
>   arts. 9 e 11 do RB;

Além da contribuição normal, designada pelo RB de básica, ele admite uma contribuição excepcional, não necessariamente mensal que, no tocante à obrigatoriedade àquela, se opõe porque é facultativa.

1) Conceito doutrinário

Contribuição eventual é a entrega à OABPrev de um montante menor, igual ou maior que o valor mensal da contribuição básica, de duração determinada pelo participante, paga de uma vez ou sucessivamente, visando melhorar o capital acumulado da conta pessoal.

2) Natureza jurídica

A contribuição eventual é uma cotização excepcional do participante, reforço de capital, diferindo da básica no que diz respeito à compulsoriedade, período de duração, *quantum* e origem.

Entende-se ser uma contribuição acessória da principal, logo é impossível haver a eventual sem a básica, mas nada impede que o participante opte pela contribuição básica mínima e de vez em quando pague a eventual (o que tumultuará um pouco o fluxo de caixa da entidade).

3) Clientela protegida

Pode contribuir eventualmente o participante ativo, em risco iminente ou não, não sendo admissível para o assistido ou o dependente.

Imagina-se que sendo facultativa, ela não seria possível ao participante licenciado (art. 13), mas esse regime contributivo é tão vantajoso ao advogado que nada a impediria, até porque ele poderia retomar a contribuição básica e, então, iniciar a facultativa.

4) Data do início

Se existe data do início para a contribuição básica, que começa assim que convalidada a inscrição, não há prazo para esta contribuição eventual; ela depende da vontade do participante.

Não só para iniciar como para encerrar.

5) Montante mensal

O valor da contribuição eventual não está ligado à básica nem mesmo no que diz respeito ao *quantum* mínimo, mas o espírito da contribuição mínima indica que o seu processamento tem um custo operacional e que não seria razoável alguém acrescer à básica um montante inferior a R$ 50,00.

6) Origem dos recursos

A contribuição eventual pode originar-se do seu empregador, no caso do advogado ser empregado, ou do próprio participante (que será o mais comum).

É a primeira vez que o Regulamento Básico da OABPrev fala na contribuição do empregador. A rigor, também aquele que propicia serviços autônomos para o profissional, logo não empregador, poderia verter essa contribuição eventual.

7) Acréscimos regulamentares

Exceto na figura do aporte do empregador (e mesmo assim conforme convencionado), diante da facultatividade dessa cotização, não há que se falar em acréscimos porque inexiste a figura da inadimplência.

A contribuição do empregador depende como disposição contratual escrita. Com isso, o empregador assume obrigações formais e pecuniárias em relação ao advogado.

Capítulo XIII — *Participante Licenciado*

Art. 13. Será assegurado ao Participante Ativo tornar-se Participante Licenciado, suspendendo, a qualquer momento, a Contribuição Básica, por um período de até 06 (seis) meses.

§ 1º. O requerimento da suspensão, referida no *caput*, deverá se formulado por escrito e entregue ao OABPrev-SP para deferimento, com pelo menos 15 (quinze) dias de antecedência da data estabelecida para recolhimento da Contribuição Básica.

§ 2º. Novo pedido de suspensão somente poderá ser encaminhado após o pagamento de pelo menos 06 (seis) Contribuições Básicas.

§ 3º. A suspensão da Contribuição Básica ao plano de benefícios pelo Participante não implica na correspondente suspensão de sua Contribuição de Risco, que poderá ser mantida para que o Participante não perca essa cobertura enquanto suspensa a Contribuição Básica.

§ 4º. O Participante poderá autorizar, por escrito, que a Contribuição de Risco seja debitada do Saldo da Conta Participante durante o período em que estiver suspensa a sua Contribuição Básica ao Plano.

Remissão: art. 2º, XVII, do RB;

No art. 13 é definido um contribuinte licenciado da OABPrev.

1) Conceito doutrinário

Inovando em relação ao RGPS, mas adotando instituto técnico próprio da previdência complementar — que admite a entrada e a saída do filiado segundo sua volição — didaticamente pensando na cobertura das prestações não previsíveis, o que confere natureza previdenciária à proteção, o Regulamento Básico define uma espécie de retirada temporária do participante em relação à conta participante, afastamento por tempo determinando, durante o qual ele não verterá contribuições básicas nem eventuais.

2) Natureza jurídica

O afastamento é uma licença contributiva, direito subjetivo do participante que não depende da OABPrev. Deve ser interpretada como expressão de vontade da pessoa humana.

3) Clientela protegida

Somente ao participante ativo é permitida essa licença de contribuinte, não havendo previsão para o assistido.

4) Exclusividade da contribuição

A suspensão não diz respeito apenas à contribuição básica, se estendendo à de risco (§ 3º).

5) Data do início

Desde a admissão, não há prazo para o participante optar pela licença; pode fazê-lo quando assim desejar.

6) Duração da abstenção

O tempo de duração da licença vai até seis meses.

7) Renovação do evento

Existe a possibilidade de renovação (§ 2º).

A licença é ato formal e assim ela não se confunde com o não-pagamento de mensalidades. Se o participante não expressa o desejo de licenciar-se e deixa de pagar ele se torna inadimplente.

Deverá comunicar por escrito à entidade, até aproximadamente o dia 15 do mês de competência, ou seja, quinze dias antes da data do vencimento da contribuição daquele mês (art. 14).

Embora o § 1º *in fine* fale em deferimento, por se tratar de direito subjetivo, feita a comunicação o advogado pode deixar de contribuir por seis meses. Entende-se que o requerimento referido tem o papel de comunicação e não de pedido.

Vencido o período de licença, no máximo de seis meses, se o participante não retornar a contribuição será tido como inadimplente a partir do 7º mês (calculadas essas contribuições com base nas anteriores). Relativamente a esse mês ele deve reiniciar as contribuições básicas.

Caso deseje novamente entrar em licença, ela só será deferida após mais seis meses de contribuições normais (§ 2º).

Não há previsão no RB quando à reedição, inexistente qualquer limite para isso.

A leitura do início do § 3º do art. 13 dá a impressão de que o licenciado desobriga-se da contribuição de risco, mas logo é perceptível que ele poderá deixar de fazê-lo, ainda que não seja recomendável (dada a natureza das prestações cobertas).

Destarte, o participante tem aqui uma opção: pagar apenas a contribuição de risco ou deixar de pagar as duas por seis meses.

Prevendo a hipótese de o advogado enfrentar dificuldades financeiras momentâneas e se sua conta individual permitir, ele pode autorizar a entidade a dela descontar valores para cobrir as prestações imprevisíveis (ou seja quitar a contribuição de risco). Evidentemente, essa demonstração de vontade somente sucederá por escrito.

Prazo para Recolhimento — Capítulo XIV

Art. 14. As contribuições Básica, Eventual e de Risco serão efetuadas até o 5º (quinto) dia útil do mês subseqüente ao período de referência, numa das formas previstas no artigo 4º deste Regulamento.

Remissão: art. 4º do RB.

A contribuição mensal do advogado à OABPrev é mensal e ela experimenta duas idéias: a) mês de competência (que o RB chama de período de referência) e b) mês de pagamento. Se ele entra em inadimplência, os meses de competência passam a ser os meses exigidos (e serão recolhidos com acréscimos).

Quer dizer, há prazo fatal para o recolhimento da mensalidade sem acréscimo e é até o quinto dia útil do mês subseqüente àquele a que se referir.

Se alguém se filiou em 1º.1.07, o primeiro mês de competência será janeiro de 2007, e o recolhimento será até o quinto dia útil de fevereiro.

O RB silencia a respeito, mas a regra tradicional é que se o prazo fatal cai em sábado, domingo ou feriado nacional ou local, ele vence no primeiro dia útil em que a rede bancária funcionar. Isso quer dizer que o prazo não é igual para todos; existem feriados diferentes em cada município do Estado de São Paulo.

Não há distinção quanto ao tipo de contribuição; as três: a básica, a eventual e a de risco têm o mesmo prazo.

As três modalidades de pagamento previstas no art. 4º apresentam particularidades que devem ser consideradas. As referentes ao depósito em conta corrente ou desconto em folha de pagamento ficam na dependência de terceiros e a do boleto só dependerá do participante.

Capítulo XV   *Contribuição de Risco*

Art. 15. A Contribuição de Risco destina-se a dar cobertura da Parcela Adicional de Risco contratada pela OABPrev-SP, junto a uma sociedade seguradora, para cobertura de morte e invalidez permanente do Participante.

§ 1º. O OABPrev-SP fará a cobrança das Contribuições de Risco dos Participantes e repassará à sociedade seguradora.

§ 2º. O não pagamento da contribuição mensal até a data do vencimento acordado acarretará a automática suspensão da cobertura da Parcela Adicional de Risco, podendo o Participante reabilitar-se à cobertura no prazo máximo de 90 (noventa) dias, mediante quitação das contribuições em aberto.

§ 3º. A Contribuição de Risco será revista, no dia 1º de junho de cada ano, em função da idade do Participante e da correção, pelo INPC, da cobertura contratada.

Resta evidente que a proteção social do plano de benefícios da OABPrev se divide em duas partes: a) cobertura da aposentadoria programada e o abono anual e b) cobertura da invalidez permanente e morte do participante.

O custeio das duas primeiras prestações é feito com as contribuições básicas e eventuais e o custeio das duas outras com a contribuição de risco. Esta última não fará parte da conta do participante; destina-se ao financiamento de um seguro contratado com terceiros (sociedade seguradora).

Destarte, a OABPrev funcionará como agente arrecadador e repassador dessa contribuição, o que tem suas implicações. Se o participante não cumprir a sua obrigação, a OABPrev não contribuirá em seu lugar; a inadimplência implica em sanções previdenciárias seriíssimas (suspensão ou cancelamento da cobertura).

A expressão "cobrança" do § 1º deve significar apenas arrecadação. Não há previsão regulamentar de cobrar (e com os acréscimos, aliás não previstos, como sucede com as contribuições básica ou eventual).

Recolhido o valor ele será repassado, mas se o advogado pagou e a OABPrev não repassou a responsabilidade financeira será sua. Caracterizada a culpa, também assumirá a responsabilidade previdenciária eventualmente em jogo.

No *caput* e neste § 2º, o art. 15 do RB fala em parcela adicional de risco (contratada com sociedade seguradora), possivelmente referindo-se à aposentadoria programada, mas como não há outra parcela de risco esta não seria adicional; na verdade, adiciona-se a cobertura previdenciária. Por isso, na inadimplência o que é suspenso é essa proteção adicional (aposentadoria por invalidez ou pensão por morte). A cláusula é extrema, ainda que *in fine* autorize o restabelecimento da relação (porque nos 90 dias de inadimplência o advogado pode precisar da proteção).

Periodicamente, no mês de junho de cada ano, em função dos parâmetros atuariais do participante, o valor da contribuição será revisto, sendo corrigido pela variação do INPC.

Capítulo XVI *Despesas Administrativas*

Seção II

DO CUSTEIO DAS DESPESAS ADMINISTRATIVAS

Art. 16. As despesas administrativas, relativas a este Plano, serão custeadas pelos Participantes Ativos, Assistidos, Licenciados ou Remidos, bem como pelos Beneficiários, nos termos do plano de custeio aprovado pelo Conselho Deliberativo, observada a legislação vigente.

§ 1º. O OABPrev-SP deve divulgar o valor destinado à cobertura da despesa administrativa que cabe ao participante, seja no ato da inscrição deste ao Plano de Benefícios, seja em face das alterações no plano de custeio.

§ 2º. Os Participantes Ativos, à exceção dos Participantes Licenciados, verterão para o custeio das despesas administrativas parcela de suas Contribuições Básicas e Contribuições Eventuais, sendo o valor remanescente creditado na Conta Participante.

§ 3º. Os Participantes Assistidos e os Beneficiários pagarão taxa de administração mensal, descontada do valor do benefício mensal que lhes for pago.

§ 4º. Durante o prazo de suspensão da Contribuição Básica o OABPrev-SP poderá promover, mediante autorização por escrito do participante Licenciado ou Remido o desconto da Contribuição Administrativa da Conta Participante.

O plano de benefícios de uma entidade associativa é mantido mediante um conjunto de providências administrativas tomadas pelo gestor do fundo de pensão, que implicam em despesas variadas.

A EFPC é uma pessoa jurídica de direito privado, uma empresa que empreende atividade-meio e atividade-fim. Entre as primeiras, os encargos são designados como despesas administrativas.

Entre outras, querem dizer o aluguel do imóvel onde funciona, a folha de pagamento dos empregados, as exações (em particular o INSS e o FGTS), contratação de terceiros, compra de material de escritório e outros gastos mais. Ainda que tenha terceirizado algumas prestações, como é o caso da OABPrev, o funcionamento da entidade pressupõe custos operacionais significativos e que têm de ser custeados pelos participantes. Como não existe patrocinadora e a instituidora não é responsável por isso, serão os interessados que se encarregarão de pagar essas despesas.

O *caput* do art. 16 estabeleceu que todos os participantes têm essa responsabilidade, não só os ativos como os assistidos, os licenciados ou remidos e até mesmo os seus dependentes.

Estes valores não são constantes, eles variam mês a mês e devem ser equacionados segundo o plano de custeio aprovado pelos próprios participantes, integrantes do Conselho Deliberativo.

A divulgação inicial e subseqüente de um plano de benefícios é fato que deve ser levado em conta pela pessoa quando da escolha da entidade a qual vai aderir.

No § 4º o RB atribui título à despesa chamando de Contribuição Administrativa da Conta Participante.

Por ocasião da inscrição, o advogado tomará conhecimento do custo das despesas administrativas vigentes. Sobrevindo alterações nesse valor, também terá de ter amplo conhecimento do fato.

Quando do pagamento das contribuições normais ou extraordinárias, a entidade deduzirá o valor da contribuição administrativa.

Os participantes assistidos e os beneficiários recolherão a taxa de administração, sendo descontados em seus benefícios.

A contribuição do licenciado ou remido, se assim autorizar o advogado, poderá ser deduzida da sua conta participante, que muda de título e passa a ser Contribuição administrativa da conta participante, de acordo com § 4º.

Capítulo XVII   *Destino da Contribuição de Risco*

CAPÍTULO V

DA PARCELA ADICIONAL DE RISCO

Art. 17. A Parcela Adicional de Risco — PAR é destinada a complementar os Benefícios de Aposentadoria por Invalidez e de Pensão por Morte de Participante Ativo ou Assistido, previstos neste Regulamento.

Remissão: art. 26, II/III e 28/29 do RB.

Nos arts. 17/21, o RB trata da contribuição que designou de Parcela Adicional de Risco, aporte que se prestará para a cobertura das duas prestações imprevisíveis do plano de benefício (invalidez e morte). Os valores mensais não se destinam à conta do participante; constituem um *quantum* encaminhado a uma sociedade seguradora, que é quem cobrirá essas duas contingências não programadas.

Em face da verdadeira implementaridade do plano de benefícios da OABPrev, não é fácil alcançar o significado da expressão "complementar" que comparece no *caput* do art. 17. Talvez esteja se referindo a iguais benefícios devidos pelo INSS aos advogados. No parágrafo único do art. 28 há menção à Carta de Concessão/Memória de Cálculo emitida pelo INSS, o que confirma esse entendimento.

A locução diz ser "adicional de risco", na verdade só pode ser adicional da contribuição básica; isoladamente considerada ela é uma individualidade que não se confunde com as outras contribuições; ela não é adicional e sim substancial.

Fica claro o destino do valor para custear as duas prestações: uma a favor dos participantes (no caso de invalidez) e a outra, para os seus dependentes. No caso de falecimento desses dependentes, percipientes da pensão por morte, os seus herdeiros não têm benefícios.

Cobertura das Prestações Imprevisíveis — Capítulo XVIII

Art. 18. Para fins de pagamento do capital correspondente à contribuição destinada ao custeio da Parcela Adicional de Risco estabelecida neste capítulo, a OABPrev-SP contratará anualmente junto a uma sociedade seguradora autorizada a funcionar no País, a cobertura dos riscos atuariais decorrentes da concessão do benefício de Aposentadoria por Invalidez ou por Morte de Participante Ativo ou Assistido.

§ 1º. O OABPrev-SP ao celebrar contrato com a sociedade seguradora nos termos da legislação vigente, assumirá, como contratante ou estipulante do capital segurado, a condição de representante legal dos Participantes e de seus Beneficiários.

§ 2º. O valor do capital segurado previsto no *caput* deste artigo será livremente escolhido pelo Participante na data da sua contratação.

§ 3º. O custeio da Parcela Adicional de Risco se dará pela Contribuição de Risco realizada pelo Participante e repassada pelo OABPrev-SP à sociedade seguradora contratada.

§ 4º. A Contribuição de Risco, destinada ao custeio da Parcela Adicional de Risco, será revista e reajustada na forma prevista no § 3º do artigo 15 deste Regulamento.

Remissão: art. 15 do RB.

De todos artigos do RB este se apresenta com linguagem mais precária. Não se decide se é a OABPrev ou o OABPrev, separa o sujeito do verbo da oração, confunde os riscos atuariais com os riscos da proteção, fala em "pagamento do capital" quando queria dizer constituição do capital, diz "capital segurado" mas quem é segurado é o segurado (participante, isto é, o advogado...) ou a contingência invalidez e morte.

Explicitando melhor o título do Capítulo V — Da Parcela Adicional de Risco, cuja impropriedade semântica já foi levantada, o art. 18 esclarece que o participante ativo ou assistido fará uma contribuição adicional em relação à básica. Destina-se, evidentemente, à cobertura de duas contingências imprevisíveis: invalidez e morte.

Trata, à evidência, da constituição de um capital de escolha do titular da relação, montante esse que custeará uma das duas prestações e até mesmo as duas, caso o advogado inválido venha a falecer.

A redação do *caput*, como lembrado, é confusa, diz que "Para fins de pagamento do capital" a OABPrev contratará uma sociedade seguradora, o que não é correto. Essa companhia é contratada para um seguro que cobrirá a invalidez e a morte do advogado.

Assim, nessas condições, o participante (primeira pessoa) outorga poderes para a EFPC dos advogados (segunda pessoa) contratar um seguro contra a invalidez e a morte com a seguradora (terceira pessoa), mediante um pagamento mensal que ele, participante, recolherá à OABPrev e que será repassado à aludida seguradora.

Ainda que seja representante do participante, quem celebra o contrato de seguro é a OABPrev e não o advogado. Ela será responsável pelas contribuições mensais.

O seguro é anual e pode ser revisto anualmente.

Fica evidente, em função do que está escrito no Regulamento Básico que a OABPrev é quem fará o seguro em benefício do participante; quer dizer, ela tem procuração outorgada quando da inscrição do advogado na entidade.

O advogado, quando da inscrição, assim como escolhe qual o nível da contribuição básica, escolherá o valor do capital segurado que será capaz de cobrir as mensalidades dos benefícios. A seguradora fornecerá à OABPrev tabela de contribuição adicional mensal suficiente para constituir o referido capital (a partir da idade do participante).

Vertida a contribuição optada pelo participante, ato contínuo será repassada à seguradora. Quer dizer, mensalmente a entidade arrecadará as contribuições amealhadas e as repassará à seguradora.

Uma vez estabelecida a contribuição mensal que, segundo os cálculos atuariais das seguradoras, será bastante para propiciar a aposentadoria por invalidez ou pensão por morte, que não será inferior aos R$ 50,00, no dia 1º de julho de cada ano será reajustada nos termos do art. 15, § 3º, do RB.

Data-base do Seguro   *Capítulo XIX*

Art. 19. A data base para fins de contratação da Parcela Adicional de Risco será a data do efetivo ingresso dos Participantes no Plano de Benefícios Previdenciários do Advogado — PREVER.

Parágrafo único. É facultada a contratação da parcela adicional de risco posterior à data de ingresso do Participante no Plano.

Remissão: arts. 17/18 e 20/21 do RB.

Além da relação jurídica referida às duas prestações programadas (aposentadoria programada e abono anual), os advogados mantêm uma outra relação jurídica previdenciária, desta vez relacionada com duas prestações não programadas (aposentadoria por invalidez e pensão por morte).

A OABPrev não quis empreender diretamente esses dois direitos dos participantes, preferindo terceirizá-los.

Como são, pois, duas relações era preciso estabelecer a data do início da segunda delas, ficando claro que elas conviverão ao mesmo tempo. Assim, quando da admissão (não havendo motivo para a expressão "efetivo" no artigo), o participante poderá participar do seguro desde a data de ingresso na OABPrev.

Como sempre, diante da possibilidade de ocorrência de um sinistro (especialmente da morte) suceder a qualquer momento, é importante salientar a partir de qual exato instante nasce a relação jurídica protetiva. Preenchido o formulário implantando pela entidade e entregue à EFPC, com ou sem protocolo, se o ato jurídico de admissão é aperfeiçoado com a instrução administrativa da OABPrev, ela opera-se desde a entrega por parte do participante.

A contratação da proteção às prestações não programadas pode ser simultânea a das programadas, mas não necessariamente. Diz o parágrafo único do art. 19 que a qualquer momento isso pode sobrevir.

Em nenhum momento o Regulamento Básico dispõe sobre o ingresso do incapaz nem se fala em exame médico, o que pode criar problemas quando da solicitação de aposentadoria por invalidez de advogado portador de doença anterior à opção por essa proteção.

Capítulo XX   *Prestações Não Programadas*

Art. 20. Na eventualidade da ocorrência de morte ou invalidez do Participante o capital a ser pago pela sociedade seguradora à OABPrev-SP, que dará plena e restrita quitação à contratada, será creditada na Conta Benefício, para fins de composição da Aposentadoria por Invalidez ou da Pensão por Morte de Participante Ativo ou Assistido.

As contribuições vertidas pelos participantes ativos em razão das prestações programadas são direcionadas para uma companhia seguradora, na condição de prêmio de seguro para a constituição de um capital previamente estipulado pelo titular da conta.

Ocorrendo a contingência coberta, isto é, o sinistro convencionado, seja a invalidez seja a morte do advogado, deduzidas as custas inerentes à contratação, o capital acumulado de contribuições vertidas será encaminhado pela companhia seguradora à OABPrev e creditado na Conta Benefício do participante.

Ali ela custeará as mensalidades de um desses dois benefícios não programados, a serem pagos àqueles indicados pelo titular da conta.

Quando desse crédito, cessa a relação da OABPrev com a seguradora em relação àquele segurado e inicia-se a relação de benefício da OABPrev com os indicados.

Cessação da Cobertura — Capítulo XXI

Art. 21. O Participante que perder esta condição por um dos motivos previstos no artigo 6º deste Regulamento, terá automaticamente cancelada a cobertura da Parcela Adicional de Risco contratada pela OABPrev-SP junto à sociedade seguradora.

Remissão: art. 6º do RB.

Na verdade não cessa a cobertura da Parcela Adicional de Risco, que é a fonte de custeio das prestações. O que termina é a cobertura do sinistro. Contribuições não são cobertas e sim contingências humanas.

Os motivos previstos no art. 6º do RB são quatro: "I — se o requerer; II — falecer; III — ter recebido integralmente os valores dos benefícios previstos por este plano; e IV — exercer a portabilidade ou resgate nos termos dos art. 40 e 44, deste Regulamento".

Quer dizer, se o advogado se afastar da OABPrev, porque faleceu, caso tenha recebido a última mensalidade da aposentadoria programada com renda programada, ou portar ou resgatar, põe fim à relação.

Vale lembrar, em relação ao falecimento, o que cessa é a parcela adicional e começa a cobertura mediante o benefício correspondente à pensão por morte.

Capítulo XXII   *Conta Participante*

CAPÍTULO VI

DAS CONTAS DO PLANO

Art. 22. Para cada Participante será mantida uma conta individual, denominada Conta Participante, composta por recursos oriundos das Contribuições Básicas e Eventuais, pela Subconta Portabilidade e pela rentabilidade líquida auferida, deduzidos os valores destinados à cobertura das despesas administrativas do Plano.

Remissão: art. 9º, I/III e 40/43 do RB.

Tendo em vista que o plano de custeio da OABPrev é de contribuição definida, o valor do benefício que corresponde ao beneficiário (participante ou dependente) dependerá principalmente da contribuição pessoal aportada à entidade.

O controle dessas contribuições individualizadas será processado por intermédio de uma conta igualmente pessoal, do tipo caderneta de poupança, em que constarão os valores que o participante verteu ao longo do tempo. Tal registro será meramente escritural porque a EFPC operará com os totais contabilizados em sua conta corrente como pessoa jurídica.

O dispositivo deixa claro como se comporá o *quantum* dessa conta: a) contribuições normais sucessivas ou não e b) contribuições eventuais. Excepcionalmente dela fará parte algum valor trazido ao fundo de pensão dos advogados proveniente da portabilidade.

Por último, e então na dependência do fruto líquido das aplicações financeiras obtidas pela EFPC (isto é, depois da quitação da taxa de carregamento e outras despesas). Totalizados esses montantes, deles será descontada a taxa de administração.

Faz parte do sistema que periodicamente o participante tomará conhecimento dos valores que ali foram inseridos.

Como se verá adiante, além da Conta Participante haverá uma Conta Benefício (art. 24).

Cotas Creditadas   Capítulo XXIII

Art. 23. Os valores referidos no *caput* do art. 22 serão transformados em Cotas na data do crédito na Conta Participante.

Remissão: art. 25 do RB.

Para fins de contabilização e com vistas à atualização monetária, as importâncias que forem creditadas a favor do advogado serão transformadas em cotas pessoais.

O montante dessas cotas, da mesma forma, terá de ser oportunamente divulgado aos interessados para que possam acompanhar o crescimento do capital acumulado.

Conforme o art. 25 do Regulamento Básico, o valor total das duas contas será atualizado periodicamente pela variação da cota.

Capítulo XXIV   *Conta Benefício*

> Art. 24. No ato da concessão dos benefícios previstos neste Regulamento será criada uma Conta Benefício, que receberá os recursos da Conta Participante e da Parcela Adicional de Risco, sendo o valor dos Benefícios Previdenciários previstos neste Plano calculado com base no saldo total desta conta.
>
> Parágrafo único. Os recursos da Conta Participante serão creditados na Conta Benefício pelo saldo total em cotas vigente na data do requerimento do benefício e a Parcela Adicional de Risco será depositada na referida conta, transformada também em cotas pelo valor da Cota do dia do crédito disponibilizado pela sociedade seguradora contratada.
>
> Remissão: arts. 22/23 e 25 do RB.

Até que seja solicitado um benefício complementar (não confundível com os institutos técnicos dos arts. 37/45), cada participante terá escriturada apenas uma conta pessoal que, conforme o art. 22 representará o seu capital acumulado.

Na Data de Entrada do Requerimento (DER), possivelmente eleita a Data do Início do Benefício (DIB) da complementação da OABPrev, requerida a prestação e ainda que deferida um pouco adiante, a Conta Participante se tornará Conta Benefício e tudo isso em função do número de cotas na DER. Esse dia passa a ser uma data-base importante para os interessados, o que leva à necessidade de haver um protocolo escrito.

A rigor, onde está escrito na "data da concessão" leia-se DIB; a rigor este deve começar quando da DER.

O capital acumulado, qualquer que seja ele, prestar-se-á para a aferição do benefício requerido.

———

Segundo o parágrafo único do art. 24, o valor que determinará o *quantum* do benefício dependerá também da Parcela Adicional de Risco depositada na referida Conta Benefício pela sociedade seguradora contratada.

É evidente que serão duas datas a serem consideradas, porque a EFPC precisará de algum tempo para ter disponível o valor proveniente da companhia seguradora.

Atualização da Conta Participante — *Capítulo XXV*

Art. 25. O saldo da Conta Participante e da Conta Benefício será atualizado periodicamente pela variação da Cota.

Não só o montante da Conta Participante, em razão de sua definição como número de cotas, como o montante da Conta Benefício, serão atualizados periodicamente, em periodicidade a ser fixada futuramente e consoante indexador igualmente definido.

Capítulo XXVI *Rol dos Benefícios*

CAPÍTULO VII
DOS BENEFÍCIOS E SUAS CARACTERÍSTICAS
Seção I
DO BENEFÍCIO

Art. 26. Este Plano oferecerá os seguintes Benefícios Previdenciários:

I — Aposentadoria Programada;

II — Aposentadoria por Invalidez; e

III — Pensão por Morte de Participante Ativo ou Assistido.

Parágrafo único. Será concedido, ao Participante Assistido ou Beneficiário que tenha recebido no exercício um dos benefícios previstos no *caput* deste artigo, um abono anual de pagamento único, proporcional a 1/12 (um doze avos) por mês de recebimento, tendo por base os valores do mês de dezembro de cada ano, sendo pago até o dia 20 do referido mês.

Remissão: arts. 18 e 40 do PBPS;

        Lei n. 10.887/04;

        Lei n. 9.717/98;

        IN INSS n. 1/07;

        arts. 27/30 do RB.

Além dos institutos técnicos (arts. 37/45), não tidos como benefícios, o Regulamento Básico da OABPrev elenca as três prestações complementares de pagamento continuado à disposição dos advogados: a) aposentadoria programada; b) aposentadoria por invalidez; e c) pensão por morte.

Não há previsão de complementação do auxílio-doença, que seria bem-vinda, nem da aposentadoria especial (diante da dificuldade ou quase impossibilidade de realização) nem da aposentadoria por idade (bastando ao advogado requerer a aposentadoria programada aos 60 e 65 anos de idade) e também não existe complementação do auxílio-reclusão, possivelmente porque a contingência protegida seria raríssima. Também não há salário-maternidade ou salário-família, mas, ainda que não mencionado no rol do *caput*, no parágrafo único se vê previsão do abono anual.

A escolha das prestações, um postulado segundo o qual qualquer regime de previdência social, no mínimo, deve manter aposentadoria e pensão, decorre de opção que partiu, outra vez, do tipo de plano e das circunstâncias pessoais do advogado. Quem modelou o plano de benefícios julgou que o advogado médio, ao final de sua vida profissional, deverá ter direito ao benefício básico do RGPS e reunido outros recursos de poupança.

Possivelmente com o sucesso do empreendimento, mais adiante o Estatuto Social e o Regulamento Básico poderão ser revistos e passar a admitir outras prestações.

A aposentadoria programada comparece esmiuçada no art. 27; a aposentadoria por invalidez está disciplinada no art. 28 e, por último, a pensão por morte, no art. 29, restando ao art. 30 regras sobre o cálculo e modalidade de pagamento. O abono anual faz parte do parágrafo único.

Aposentadoria programada não se confunde com a aposentadoria por tempo de contribuição nem com a aposentadoria por idade, ambas do RGPS. Pode dar-se em momentos distintos e não tem como pressuposto idade mínima.

A aposentadoria por invalidez, benefício não previsível, lembra igual benefício do RGPS (PBPS, art. 42), cobrindo a incapacidade para o trabalho.

O advogado não poderá inscrever-se apenas para a cobertura desta contingência; a aposentadoria programada é obrigatória para quem aderir ao plano básico da OABPrev.

A pensão por morte (sem diferir do RGPS, que a prevê para a hipótese de falecimento do segurado contribuinte ou aposentado) admite duas modalidades: a) do participante ativo, que não chegou a receber benefício e b) do participante assistido, que está recebendo aposentadoria programada ou por invalidez.

Nesse contexto de poucos tipos de prestações, o parágrafo único contempla o abono anual, que corresponde ao décimo terceiro salário do advogado empregado e ao abono benefício do art. 40 do PBPS. Tanto o participante percipiente da aposentadoria programada quanto o da aposentadoria por invalidez e os seus dependentes fazem jus a esse benefício anual.

O primeiro abono anual será parcial, correspondendo a 1/12 do que ele recebeu no exercício e os demais integrais, sempre referidos ao mês de dezembro. No caso do advogado falecido em algum mês do ano, os dependentes receberão um valor que dependerá do benefício do seu titular.

A norma ainda determina que o pagamento seja feito até o dia 10 de dezembro de cada ano.

Capítulo XXVII *Aposentadoria Programada*

Art. 27. O Participante Ativo tornar-se-á elegível ao Benefício de Aposentadoria Programada quando preencher, concomitantemente, as seguintes condições:

I — atingir a idade escolhida, conforme previsto no parágrafo único do art. 3º deste Regulamento; e

II — possuir 24 (vinte e quatro) ou mais meses de vinculação a este Plano.

Remissão: arts. 52/56 do PBPS;

       art. 3º do RB.

A primeira prestação concebida para os advogados é um tipo de aposentadoria (sem qualquer outra qualificadora, se especial, por tempo de contribuição ou por idade).

Tendo em vista que, a princípio, implementa o benefício do RGPS, em cada caso seria uma aposentadoria complementar.

1) Título do benefício

O RB da OABPrev designou de "aposentadoria programada" a um benefício que poderia ser em razão da idade, porque esta é a sua maior exigência, ainda que a classificação de aposentadoria programada não seja incorreta porque é previsível; se assim desejar o participante, ela terá início quando programada por ele.

Saliente-se que o título "programada" diz respeito ao momento da concessão e não a renda mensal superveniente, que pode ser indeterminada.

2) Natureza jurídica

O tipo de benefício concebido pela OABPrev tem características da aposentadoria por tempo de contribuição (considerando-se que essa contribuição é fator determinante) e da aposentadoria por idade (uma vez que a idade dela faz parte).

3) Características básicas

O benefício apresenta, pelo menos, cinco itens.

I — A aposentadoria é programada.

II — Os pagamentos são mensais, isto é, de pagamento continuado.

III — A concessão depende da vontade do titular.

IV — É possível somente depois de certa carência (24 meses).

V — Preciso provar a idade.

4) Pressupostos regulamentares

Basicamente, os requisitos exigidos do participante/advogado são três:

I) Ser participante ativo, isto é, não ser participante assistido (em relação às duas prestações possíveis: aposentadoria programada e por invalidez).

II) Ter pago pelo menos 24 mensalidades, que não têm de ser consecutivas.

III) Estar com a idade escolhida previamente.

5) Data do início

Preenchidos os requisitos regulamentares, quem determina a data do início do benefício é o seu titular. Não há aposentadoria programada compulsória. Nada impede que o advogado o faça tempos depois de ter completado o tempo antes fixado por ele.

O requerimento da prestação é que assinalará a data-base em que deixará de ser participante ativo para se tornar participante assistido.

6) Data da cessação

O benefício cessa em razão da morte do advogado ou na hipótese do art. 31, I, do RB, quando convencionado.

7) Direito adquirido

Atendido o período de carência (mínimo de 24 mensalidades) e idade escolhida, a aposentadoria programada pode ser solicitada a qualquer tempo dentro do prazo prescricional (art. 52).

Se, depois de atender a essas disposições, ele deixar a OABPrev sem requerer o benefício e mais tarde voltar a contribuir, não necessitará de cumprir o período de carência.

8) Duração do benefício

Uma vez concedida a prestação ela será paga conforme o art. 31 do RB (por prazo determinado ou indeterminado) e se concedida regular, regulamentar e legitimamente, sem poder ser suspensa nem cancelada.

9) Prescrição do direito

O disposto no art. 52 contraria o espírito da proteção complementar, exigindo que o advogado que completou os requisitos tenha de solicitar o benefício em até cinco anos.

10) Reedição da filiação

Como não existe previsão de um verdadeiro pecúlio, exceto na remota hipótese de desaposentação (que seria suspender a manutenção), pode ocorrer o reinício dos aportes mensais para posterior concessão de um novo benefício.

11) Acumulação

Não há previsão de acumulação com outros benefícios, julgando-se que a concessão da aposentadoria por invalidez exclua o direito à aposentadoria programada.

A única hipótese é a combinação de um desses dois benefícios e o abono anual.

12) Volta ao trabalho

Dada a natureza do benefício, ele não tem muito a ver com a atividade profissional do advogado que, mesmo recebendo as mensalidades, decide se atua ou não.

Aposentadoria por Invalidez Capítulo XXVIII

Art. 28. O benefício de Aposentadoria por Invalidez será devido no caso de invalidez total e permanente do participante, devidamente comprovada através de perícia médica indicada pelo OABPrev-SP ou pela sociedade seguradora contratada nos termos art. 18 deste Regulamento.

Parágrafo único. A critério do OABPrev-SP ou da sociedade seguradora referida no *caput* deste artigo, poderá ser admitida a apresentação da carta de concessão do benefício da previdência social para que o Participante exerça o direito ao benefício da Aposentadoria por Invalidez.

Remissão: art. 18 do RB;

art. 42 do PBPS.

Na única prestação não programada é definida a aposentadoria por invalidez.

1) Título do benefício

A designação de aposentadoria por invalidez é correta; ela se dá quando o advogado não tiver mais condições de trabalhar em sua função.

2) Natureza jurídica

A essência dessa prestação é seguro, condição que impõe restrições ao percipiente. Tecnicamente, quem a teve deferida não pode voltar ao trabalho.

3) Características básicas

Pelo menos quatro nuanças assinalam o benefício:

I) Benefício não programado.

II) Pagamento continuado.

III) Iniciativa do titular.

IV) Independência de carência.

4) Data do início

Definida a inaptidão total para o trabalho jurídico, o benefício terá início na Data de Entrada do Requerimento, ainda que a perícia médica ocorra após essa data.

5) Data da cessação

Embora silente, o Regulamento Básico supõe que cessada essa invalidez, que deveria ser permanente, impõe-se a necessidade da suspensão do benefício.

6) Manutenção

O benefício será mantido indefinidamente até a morte do participante.

7) Volta ao trabalho

Comprovado que o advogado retornou ao trabalho, tem-se uma presunção de que ele recuperou a higidez, cabendo o cancelamento do benefício.

8) Pressuposto regulamentar

A condição para que a aposentadoria por invalidez da OABPrev seja concedida é indicada por duas locuções simples na enunciação e complicadas em sua essência: incapacidade total e permanente. Logo, além de o titular não poder exercer qualquer atividade é preciso que o agravo que o afetou seja permanente. Duas condições *per se* de difícil verificação e que será sede de grandes confrontações.

a) Incapacidade total

A incapacidade total é descrição precária e deve ser considerada à luz da atividade jurídica. Um advogado portador de deficiência visual total terá muitas dificuldades para se locomover ou escrever, algum óbice para apreender o cenário jurídico do cliente, mas se tiver muita força de vontade (uma característica da profissão), contando com a ajuda de familiares, mesmo com essas limitações poderá exercer a advocacia. Com os recursos da informática ampliou-se o universo laboral dos deficientes.

A incapacidade total é a invalidez, inaptidão para realização de qualquer trabalho, como são os distúrbios permanentes da mente humana.

A redação é precaríssima, na medida em que existem situações de não invalidez total que justificariam a concessão do benefício, conclusão a ser aferida a partir de cada ambiente em que vive o participante.

b) Permanente

É possível que alguém fique totalmente incapaz de advogar, mas por pouco tempo (caso em que o INSS lhe concederá o auxílio-doença).

Para que seja deferida a prestação, a perícia médica terá de concluir que a inaptidão é permanente, que não haverá recuperação da higidez, circunstância mais facilmente determinável do que a incapacidade em si mesma.

c) Perícia médica

Admitindo os enormes embaraços que sobrevirão com a dicção total e permanente, o dispositivo admite que duas entidades declarem a incapacidade: OABPrev ou a companhia seguradora. Essa possibilidade põe em confronto as contratantes porque uma delas pode entender estar presente a contingência protegida e a outra não acolhê-la (*sic*). É previsível que a interpretação médica da EFPC será extensiva, enquanto que a do segurado será restritiva, forçando, em alguns casos de dissídio, a busca do Poder Judiciário para o deslinde. Uma terceira possibilidade é a do parágrafo único.

9) Período de carência

Não há previsão de número mínimo de contribuições (como se fosse a aposentadoria por invalidez acidentária do RGPS).

Transferindo a enorme responsabilidade de decidir se o segurado está total e permanentemente incapaz para o trabalho (sem que isso seja um direito subjetivo do trabalhador), a OABPrev ou a companhia seguradora poderão se valer da Carta de Concessão da aposentadoria por invalidez por parte do INSS. O ditame não é recomendado porque a subsidiariedade fará do profissional dependente da autarquia federal.

Capítulo XXIX   *Pensão Por Morte*

Art. 29. Os Beneficiários indicados pelo Participante farão jus aos Benefícios de Pensão por Morte do Participante Ativo ou Assistido no caso de falecimento do Participante.

§ 1º Na falta de Beneficiários o saldo da Conta Benefício, se houver, será pago aos herdeiros do Participante falecido, respeitada a ordem de vocação definida pelo Código Civil.

§ 2º No caso de falecimento de Beneficiário em gozo de benefício previsto no inciso III do art. 26, o saldo da Conta Benefício, se houver, será pago aos herdeiros do Beneficiário falecido, respeitada a ordem de vocação definida pelo Código Civil.

Remissão: Lei n. 10.406/02 (CCb);

        arts. 16 e 74/79 do PBPS;

        arts. 7º e 26, III, do RB.

A segunda prestação não programada é a pensão por morte. Um direito de pessoas elencadas no RB, não necessariamente dele dependentes.

1) Título do benefício

Embora o RB se refira "aos benefícios", ele é um só: a pensão por morte do advogado, assemelhando-se à pensão por morte dos arts. 74/79 do PBPS. O que, a princípio, exclui a ausência e o desaparecimento.

2) Auxílio-reclusão

Não há previsão de benefício para o participante preso. Será impossível concedê-lo por via de interpretação do Regulamento Básico. Mas, se for o caso, pode-se pensar noutra prestação possível, a ser requerida e a ser recebida pela família do titular, caso daquele que tenha preenchido os requisitos da aposentadoria programada.

3) Natureza jurídica

A pensão por morte é prestação imprevisível, não reeditável, de pagamento continuado, devida a dependentes, *in casu* designados, um verdadeiro seguro de vida decorrente do falecimento do segurado, direito subjetivo de pessoas previamente indicadas pelo titular (ou que, doutrinariamente, se possa admitir como sendo protegíveis).

Reclama uma certidão de óbito como prova do falecimento (e, claro, documentos que identifiquem os dependentes ou herdeiros).

4) Ausência ou desaparecimento

Podendo, o elaborador da norma regulamentar não concebeu as figuras da ausência nem do desaparecimento como contingências protegidas, o que foi um pequeno cochilo. Esses dois tipos de sinistros, no que diz respeito à proteção da família, praticamente correspondem à morte do provedor. A despeito da mudez regulamentar, não incidirá em equívoco técnico quem deferir o benefício nessas hipóteses; a decisão não causará prejuízo a ninguém, ao contrário, será protetiva. Evidentemente, se for o caso, então, ter-se-á de observar algo como o que está disciplinado no art. 78 do PBPS, que cuida da morte presumida e quem tiver de administrar os pagamentos não terá maiores dificuldades materiais.

5) Características básicas

A concessão do benefício suscita ao menos cinco aspectos:

I — Titularidade da relação — Quem tem direito.

II — Contingência protegida — Morte do segurado.

III — Período de carência — Não existe número mínimo de contribuições.

IV — Meios de prova — Certidão de óbito ou outro documento, no caso de ausência ou desaparecimento.

V — Data do início — De regra, a Data do Óbito (DO).

6) Pressupostos regulamentares

O requisito básico é o falecimento do segurado. Se não estiver em dia, caracterizada a inadimplência, os dependentes com direito ao benefício terão de completar as contribuições faltantes (que poderão ser descontadas da conta benefício).

7) Data do início

A regra é a DIB na DER, exceto em relação aos menores, incapazes ou ausentes.

8) Manutenção das mensalidades

Enquanto ficar provada a condição de designado, o benefício será mantido. Não há previsão de suspensão ou cancelamento, na hipótese da viúva vir a se casar. Trata-se de direito patrimonial, só extinto pelo seu falecimento.

9) Data da cessação

O pagamento das mensalidades cessa com o óbito do titular da pensão por morte, cabendo aos familiares o dever de comunicar esse fato à OABPrev. Mas, acabará também no prazo estipulado, caso o beneficiário tenha escolhido a renda programada do art. 31.

10) Direito adquirido

Respeitado o prazo decadencial (quando for o caso) e o direito dos menores ou incapazes, a qualquer momento a prestação pode ser requerida.

11) Valor inicial

Conforme o art. 30 o valor da pensão é calculado com base no saldo da conta benefício na data do óbito.

12) Concorrência de pessoas

Embora, na prática, possam se apresentar pessoas não designadas pretendendo o benefício, em face do mecanismo criado (de indicação) não há previsão da concorrência de pessoas. Eventual dissídio entre companheira ou companheiro em relação a advogado ou advogada, que se separou de direito ou de fato do participante e posteriormente uniu-se a uma pessoa, sem tê-la designada, terá de ser solucionado pelo Poder Judiciário.

O § 1º admite a ausência de designação de dependentes e o faz em relação ao participante ativo (quando existirão recursos da conta participante) e também ao assistido (que poderá ter esgotada a conta benefício).

O Código Civil, no seu Título II — Da Sucessão Legítima, cuida da ordem da vocação hereditária nos arts. 1.829/1.844.

1) Mulher — A esposa do advogado tem direito (arts. 1.829, III e 1.838). A companheira também (art. 1.790, I/IV). O direito sucessório da mulher separada judicialmente é disciplinado no art. 1.830. Falecido o cônjuge sem filhos, são chamados os colaterais (art. 1.839).

2) Filhos — Junto com a mãe, os filhos são herdeiros naturais (art. 1.829, I). Nascidos após data de óbito do participante, são igualmente protegidos (art. 1.798).

3) Ascendentes — Se não há mulher nem filhos, os herdeiros serão os pais (arts. 1.829, II e 1.936).

4) Colaterais — Na ausência de mulher, filhos e pais comparecem os colaterais (arts. 1.829, IV e 1.939/1.840) e também os irmãos bilaterais e unilaterais (arts. 1.841/1.842).

5) Descendentes — Os netos e os avós (arts.1.833 e 1.834), seguem na linha sucessória.

6) Sobrinhos — Estes são os últimos herdeiros possíveis (art. 1.843, § 1º).

A ausência total de herdeiros é tratada no art. 1.844 do Código Civil, imaginando-se que nesses casos a OABPrev destinará os recursos à União.

Vale lembrar que são excluídos da sucessão três grupos de pessoas (art. 1.814): a) o autor, co-autor ou participante de homicídio doloso (ou tentativa) contra o advogado (inciso I); b) quem o acusou caluniosamente em juízo ou praticou o crime contra a sua honra (inciso II) e c) qualquer pessoa que por violência ou fraude inibir advogado de dispor de seus bens (inciso III), sendo que a representação é cuidada nos arts. 1.851/1.855 do Código Civil.

Por último, falecendo o beneficiário, da mesma forma os seus herdeiros receberão o saldo da conta benefício. Esse total será pago na forma de um benefício de pagamento único, uma espécie de pecúlio.

Capítulo XXX   *Valor dos Benefícios*

Art. 30. O valor dos benefícios oferecidos por este plano serão calculados com base no saldo total da Conta Benefício na data do requerimento e serão pagos na forma escolhida pelo Participante ou Beneficiário, nos termos dos arts. 31 e 32, respectivamente, deste Regulamento.

Remissão : arts. 22/24 e 31/32 do RB.

Nos arts. 22/24 o RB informa haver dois registros individuais relativos ao participante, respectivamente ativo e assistido, chamados de Conta Participante (com contribuições vertidas) e Conta Benefício (que custearão as mensalidades das prestações de pagamento continuado).

Uma vez requerido o benefício, o saldo da Conta Participante, devidamente atualizado monetariamente, converter-se-á no saldo da Conta Benefício.

Modalidades de Pagamento   *Capítulo XXXI*

Seção II

DAS OPÇÕES DE PAGAMENTO DOS BENEFÍCIOS

Art. 31. O Participante Ativo elegível a benefício deste plano poderá optar pelas seguintes formas de pagamento:

I — renda mensal por prazo determinado, cujo prazo mínimo de recebimento não poderá ser inferior a 10 (dez) anos;

II — renda mensal por prazo indeterminado, calculada anualmente com base no saldo da Conta Benefício e sua expectativa média de vida.

§ 1º A opção pelo disposto no *caput* deste artigo deverá se formulada pelo Participante Ativo, por escrito, na data do requerimento do respectivo benefício.

§ 2º A renda mensal prevista nos inciso I e II do *caput* deste artigo será recalculada, anualmente no 1º (primeiro) dia de junho, com base no saldo remanesce da Conta Benefício e a opção escolhida na data do requerimento do benefício.

Remissão: art. 33 do RB.

Caracterizado o direito a uma das três prestações de pagamento continuado (o abono anual foge das regras), são previstas duas possibilidades de quitação das mensalidades, sendo que o art. 33 ainda prevê uma terceira solução.

Diante dessa opção, o advogado terá de escolher uma delas (não se cogitando, passado algum tempo, de modificar a sua escolha, o que não seria matemática e financeiramente impossível).

A rigor, seria possível até mesmo a escolha de uma delas (por tempo determinado) e a substituição pela outra (por tempo indeterminado), mas não há previsão regulamentar para isso.

Se, por qualquer motivo, não ocorreu a escolha no silêncio do participante, entende-se que deveria ser deferida a melhor proteção, eleita como a do inciso II.

Uma vez apurado o capital acumulado na conta do participante, agora conta benefício, conforme o prazo escolhido pelo advogado, que não poderá ser inferior a 120 meses, o cálculo matemático determinará o valor mensal inicial, de regra maior do que o do prazo indeterminando, em razão da expectativa de vida do participante.

No inciso II, dispõe o RB que a segunda opção será uma renda mensal por prazo indeterminado. Não ficou muito claro a regra de recálculo anual se operada com base na expectativa de vida apurada quando do pedido do benefício ou se também anualmente com base na tábua biométrica, que parecer ser.

A escolha da tábua biométrica deve ser técnica, submetendo-se, pelo menos, a quatro critérios: a) atualidade — ser a mais recente; b) tipo de segurado — inerente aos advogados; c) revisão — ser reformulada periodicamente; d) sexo — admitir distinção entre homem e mulher.

———

A opção pela modalidade de pagamento é ato solene e deve ser formalizada por escrito, usualmente em formulário próprio, em duas vias, sendo entregue uma cópia ao interessado.

———

Conforme cada uma das duas modalidades básicas (há uma terceira no art. 33), a renda mensal será recalculada anualmente em 1º de junho de cada ano, a partir do saldo remanescente da conta.

Opção do Beneficiário   Capítulo XXXII

Art. 32. O Beneficiário, no caso de falecimento do Participante Ativo ou Assistido, poderá optar por uma das formas de pagamento previstas nos incisos I e II do art. 31.

Remissão: arts. 74/79 do PBPS;

        arts. 29 e 31/33 do RB.

No art. 31, o RB da OABPrev autoriza o participante a escolher previamente qual a modalidade de pagamento deseja para as prestações (aposentadoria programada ou aposentadoria por invalidez): (I) renda programada ou (II) renda vitalícia.

Igual se passa com o beneficiário em relação à pensão por morte; ele também dispõe de uma alternativa em relação a três soluções apontadas (RB, arts. 32/33).

Esse dependente tem o direito de escolher, e o fará quando do pedido da pensão por morte, se deseja receber o saldo da conta benefício por intermédio de uma renda programada (e então, diferentemente do participante, sem um prazo mínimo de dez anos) ou uma renda vitalícia (que vigerá até o seu falecimento).

Da mesma forma, ele poderá auferir 25% do total da referida conta, de uma só vez, uma espécie de benefício de pagamento único (art. 33).

Não há um dispositivo ativo ou assistido per se tenha optado por uma das modalidades do art. 31 em relação às suas aposentadorias, decisão que vale somente para elas. Titular de outro benefício, o beneficiário tem o poder de alterar essa disposição, escolhendo o seu próprio modo de receber as mensalidades do benefício.

Da mesma maneira entender-se-á que, caso não sobrevenha a escolha referida no artigo, a opção é pela renda mensal vitalícia (que seria a mais protetiva).

Capítulo XXXIII   *Adiantamento da Prestação*

> Art. 33. Mediante opção expressa do participante Ativo ou Beneficiário, poderá ser pago de uma só vez, na data da concessão do benefício, até 25% do saldo total da Conta Benefício.
>
> Remissão: arts. 27/29 e 31/32 do RB.

Verdadeiramente, se assim se quiser, as prestações do plano de benefícios da OABPrev compreendem benefícios de pagamento continuado mensal ou anualmente ou com pagamento único.

Com efeito, no caso das duas aposentadorias e da pensão por morte, é possível abater uma parte do total da conta benefício (que determinará a renda mensal programada ou vitalícia), a ser quitada de uma só vez.

Se assim optar o interessado, tendo em vista as mudanças que podem acontecer por ocasião do requerimento do benefício (especialmente no que diz respeito à aposentadoria por invalidez ou pensão por morte), sobrevindo despesas inesperadas, há previsão de um adiantamento do capital acumulado, restando, no máximo, 75% para o cálculo da renda mensal inicial.

O percentual fixado em relação à conta benefício é de 25% do valor, podendo ser menor, segundo escolha do interessado.

Sem prejuízo do participante assistido ter optado por receber 25% dessa conta quando da aposentadoria, vindo a falecer, a escolha é renovada em relação aos beneficiários, então, aplicada ao saldo da conta benefício.

Ou seja, será única em relação ao titular do direito ao tipo de benefício.

Pecúlio do Valor Mínimo *Capítulo XXXIV*

Art. 34. Caso o valor de qualquer um dos benefícios previstos no *caput* do art. 26 resultar inferior ao Benefício Mínimo Mensal de Referência previsto no art. 35 deste Regulamento, o saldo Conta Benefício será pago de uma única vez ao Participante ou Beneficiários na proporção indicada na forma prevista no § 1º do art. 7º, extinguindo-se definitivamente, com o seu pagamento, todas as obrigações deste Plano perante o Participante ou Beneficiário.

Remissão: art. 7º e 35 do RB.

Embora o art. 26, I/III, somente preveja prestações de pagamento continuado, o art. 34 dá conta de um tipo de pecúlio, ou seja, benefício de pagamento único, direito do participante ou do beneficiário.

Os benefícios referidos são os previdenciários (aposentadorias e pensão) não incluindo os institutos técnicos do segmento complementar (portabilidade e resgate), mas, quando aperfeiçoado o benefício proporcional deferido (*vesting*), se o valor mensal ficar aquém dos R$ 120,00 (mensalidade mínima), ainda que sem previsão regulamentar, dá mesma forma ter-se-ia um pecúlio desse *vesting*.

Caso o pecúlio deva ser pagamento a pessoas indicadas, o seu valor será dividido conforme a divisão fixada no art. 7º do RB.

Para que se saiba, de antemão, da aplicação do pecúlio, que pressupõe o mencionado valor mínimo, é necessário saber da opção do advogado: se renda mensal programada ou vitalícia. Conforme cada uma das escolhas do participante, ele poderá receber o pecúlio.

Capítulo XXXV *Benefício Mínimo*

Art. 35. Para fins deste Regulamento, o Benefício Mínimo Mensal de Referência será igual ao valor de R$ 120,00 (cento e vinte reais), atualizado anualmente no dia 1º de junho, com base na variação acumulada do INPC — Índice Nacional de Preços ao Consumidor, calculado pela Fundação IBGE, até o mês anterior ao do mês referido.

Remissão: art. 41 do PBPS;

        arts. 10 e 34 do RB.

Assim como existe uma contribuição mínima de R$ 50,00, fixada no art. 10 do RB, devidamente atualizável e aumentada a partir de 1º.6.07, subsiste uma mensalidade mínima de R$ 120,00, devidamente atualizada pela variação do INPC e que, a partir de 1º.6.07, também foi aumentada.

A variação do INPC será de 1º de junho de um ano até 31 de maio do ano seguinte.

Caso o capital acumulado pelo participante não propicie uma mensalidade igual ou superior à renda mínima, nos termos do artigo anterior (art. 34), o segurado poderá resgatar todo o capital acumulado, encerrando-se a relação com o plano de benefícios da OABPrev.

A idéia de um benefício mínimo, assim como a da contribuição mínima, decorre dos custos de manutenção das prestações e por isso é acolhida no segmento complementar.

Primeiro Pagamento   Capítulo XXXVI

Art. 36. O primeiro pagamento dos Benefícios Previdenciários previstos neste Regulamento será efetuado até o 10º (décimo) dia útil subseqüente ao do requerimento e os demais até o último dia de competência.

Contado da Data de Entrada do Requerimento (DER), que é a do protocolo do pedido do benefício, a princípio a OABPrev terá de deferir a prestação e fazer o pagamento da primeira mensalidade até o décimo dia útil do mês seguinte ao da solicitação, período encurtado caso o advogado solicite a prestação no fim do mês.

Qualquer que seja DER ou a DIB, uma vez concedido o benefício, deverá ocorrer o primeiro pagamento. Não é o dia 10 e normalmente será após essa data, referindo-se a valor fracionado da DIB até o último dia do mês.

O dispositivo supõe que o deferimento será imediato, não ajuíza sobre a demora; se isso suceder a data (tardia) da concessão é que será o mês de competência (hipótese em que serão pagos os atrasados desde a DIB).

Diferentemente do INSS, as demais mensalidades serão pagas no próprio mês de competência; ou seja, março de 2008 será quitado até 31.03.08.

O regulamento não tem previsão de atualização, como acontece com o PBPS, possivelmente diante dos baixos níveis de INPC mensais, mas é evidente que se o atrasado implicar em prejuízo para o advogado, a atualização se imporá.

Capítulo XXXVII # Vesting *do Remido*

CAPÍTULO VIII
DOS INSTITUTOS
Seção I
DO BENEFÍCIO PROPORCIONAL DIFERIDO

Art. 37. O Participante Ativo poderá optar pelo instituto do Benefício Proporcional Diferido, hipótese em que se tornará Participante Remido, desde que preenchidos, concomitantemente, os seguintes requisitos:

I — cessação do vínculo associativo com o Instituidor;

II — não esteja habilitado a receber qualquer dos Benefícios Previdenciários previstos no artigo 26 deste Regulamento e

III — ter decorrido a carência de 36 (trinta e seis) meses de vinculação a este Plano.

Remissão: art. 14, I, da LBPC;

 Lei n. 8.906/94;

 Resolução CGPC n. 12/02;

 arts. 2º, XVIII, 8º e 38/39 do RB.

O benefício proporcional diferido, ou *vesting*, modalidade inexistente no RGPS, não bem explicitado no RB e um pouco mais aclarado na Resolução CGPC n. 6/03, é uma prestação previdenciária complementar de pagamento continuado aqui no RB não tida como benefício, mas instituto técnico, devido ao ex-participante em determinadas circunstâncias, designadas como requisitos como RB (incisos I/III), como expressão de sua vontade.

Em se tratando de EFPC não associativa, quando o trabalhador romper o vínculo empregatício, apresentam-se quatro soluções possíveis: a) portabilidade, resgate, autopatrocínio e *vesting*. Na hipótese da entidade associativa, que é o caso da OABPrev, comumente não existe a figura do empregador patrocinador, mas apenas a entidade associativa, que é a OAB.

Embora o RB a isso não se refira, na circunstância do advogado ser empregado de uma empresa e dela se afastar, necessariamente não se afastou da OAB, logo não há o benefício proporcional diferido.

1) **Conceito legal**

O art. 14, I, da LBPC fala em "benefício de proporcional diferido, em razão da cessação do vínculo empregatício com o patrocinador ou associativo com o instituidor antes da aquisição do direito ao benefício pleno a ser concedido quando cumpridos os requisitos da elegibilidade".

2) **Conceito doutrinário**

Prestação mensal de pagamento continuado, complementação incompleta, deferida adiante, quando preenchidos os requisitos (idade escolhida pelo titular), cuja renda mensal dependerá do capital acumulado até a DIB.

Já sustentamos que no "modelo clássico, depois de ter contribuído durante algum tempo e de ter acumulado capital, deixando a patrocinadora ou instituidora antes de assegurado o direito à aposentadoria por tempo de contribuição ou à aposentadoria por idade, e preferindo não continuar aportando como vinculado, o segurado se afasta também da EFPC, mas permanece potencialmente com a faculdade àquele montante, que poderá crescer naturalmente, vindo a recebê-los nas condições estatuídas regularmente" (*Comentários à Lei Básica da Previdência Complementar*, São Paulo: LTr, 2003, p. 137).

3) **Benefício não pleno**

Se o advogado se afasta da OAB sem ter completado o direito à aposentadoria programada por falta de período de carência ou de idade, nesse momento ele teria direito a uma prestação proporcional (não plena).

4) **Nomenclatura regulamentar**

O participante que optar pelo *vesting* será designado como participante remido (significando não mais contribuinte).

5) **Opção do advogado**

O *vesting* é uma opção, isto é, o advogado escolherá, entre os quatro institutos técnicos previstos no Capítulo VIII — Dos Institutos, aquele que ele deseja. Se ele não optar o capital acumulado ficará na sua conta participante, crescendo como a dos demais. Num prazo de seis meses (que corresponde a uma de licença de fato), se ele nada fizer a OABPrev terá de convocá-lo para solucionar a pendência.

O primeiro requisito exigido do advogado que pretende usufruir do *vesting* é se afastar da entidade associativa, ou seja, deixar de ser advogado e se desfiliar da OAB. Não há previsão quanto à causa do afastamento podendo ser um desligamento punitivo (que é a exclusão).

A primeira hipótese é a solicitação de cancelamento da inscrição por vontade do profissional, que não mais deseja ser advogado.

Impedimento é apenas a proibição parcial do exercício da advocacia. Continua com a inscrição, continua advogado, porém, não pode advogar em determinadas situações. Por exemplo, o Procurador do Estado está impedido de advogar contra a Fazenda que o remunera.

Quem foi censurado, suspenso ou multado (art. 35 da Lei n. 8.906/94) não está afastado da OAB, mas o excluído (art. 35, III e 38).

Entende-se afastado aquele advogado que não tem meios de rever a decisão do seu órgão de classe, isto é, no caso de estar discutindo judicialmente o afastamento de ter transitado em julgado a decisão final.

———

O segundo requisito refere-se à condição de eleito a um dos benefícios: aposentadoria programada ou aposentadoria por invalidez. Nestes casos, ou ele requer um desses benefícios ou nada faz. Se o titular da relação perdeu a condição de advogado com direito a um dos dois benefícios, pode requerê-lo, mas não o *vesting*.

———

É estabelecido um período de carência para o *vesting*, qual seja o de estar inscrito há 36 meses no mínimo.

O RB não fala que sejam consecutivos e como permite o ingresso e o afastamento sucessivas vezes, o que importará é o total de meses de filiação.

Valor do Vesting
Capítulo XXXVIII

Art. 38. O valor do Benefício Proporcional Diferido corresponderá ao saldo da Conta Participante vigente na data da opção e será mantido na referida conta, atualizado mensalmente pela variação da cota.

Remissão: art. 14, I, da LBPC;

> Resolução CGPC n. 12/02.

> art. 46 do RB.

Tendo cessadas as contribuições um dia antes do pedido ou tempo atrás (quando do afastamento da OAB), ou também depois disso, o titular que optar pelo *vesting* comunicará o fato à OABPrev.

A EFPC apurará o total da sua conta participante naquele momento e ela se prestará, com os acréscimos das aplicações sobrevindas, futuramente, para o cálculo da renda mensal da prestação a que fizer jus.

Como não optou pelo autopatrocínio do art. 8º do RB e, portanto, não verteu mais contribuições, esse total será consolidado nesse momento, apenas modificando-se em virtude da variação da cota.

Evidentemente, o interessado tomará conhecimento desse montante e receberá periodicamente o extrato a que alude o art. 46 do RB.

Capítulo XXXIX   *Benefícios do Remido*

Art. 39. No caso de morte ou invalidez total e permanente do Participante Remido durante o período de diferimento, o Beneficiário terá direito ao benefício da Aposentadoria por Invalidez e de Pensão por Morte de Participante Ativo previsto nesse Regulamento.

Remissão: art. 14, I, da LBPC;

        arts. 28/29 e 38 do RB.

Embora esteja afastado da OAB e seja um participante remido, ou seja, sem contribuir para a OABPrev, um segurado em potencial, ele pensa em receber a sua aposentadoria programada não plena quando preencher os requisitos desse benefício.

Nesse intercurso, todavia, pode dar-se de ocorrer uma contingência imprevisível (invalidez total e permanente) ou morte, sobrevindo, então, direito à aposentadoria por invalidez e, para os beneficiários, a pensão por morte (curiosamente previsto na ordem inversa no preceito).

Tomando por base o valor que se prestaria para o *vesting* (total previsto no art. 38, com as atualizações regulamentares) será calculada a aposentadoria por invalidez ou a pensão por morte dos seus dependentes.

Quer dizer, se assim se pode dizer, para efeito desse instituto técnico (*vesting*) e dos dois benefícios, o advogado não perde a qualidade de segurado.

Da Portabilidade

Capítulo XL

Seção II

Art. 40. O Participante Ativo poderá optar pelo Instituto da Portabilidade, podendo transferir os recursos financeiros correspondentes ao seu saldo da Conta Participante para outro plano de previdência complementar, desde que atendidos os seguintes requisitos:

I — ter, no mínimo, 36 (trinta e seis) meses de vinculação ao Plano e

II — não esteja habilitado a receber qualquer um dos Benefícios Previdenciários previstos no artigo 26 deste Regulamento.

Parágrafo único. A portabilidade terá caráter inevogável e intratável, seu exercício implicará o cancelamento da inscrição do participante neste plano, extinguindo-se, com a transferência dos recursos, toda e qualquer obrigação do plano para com o Participante ou seus Beneficiários.

Remissão: art. 14, II, 15 e 27 da LBPC;

        Resolução CGPC n. 9/02;

        arts. 9º/18 da Resolução CGPC n. 6/03;

        Resolução SPC n. 5/03.

Cuida o art. 40 do novel instituto jurídico da portabilidade que, em suma, na previdência complementar, desde a LC n. 109/01, consiste em o participante que deixa o empregador ou instituidor dele se afastar e portar o seu capital acumulado para outro fundo de pensão.

O tema foi tratado no art. 14, II e 15 da LBPC e particularmente na Resolução CGPC n. 9/02, que acabou sendo substituída pela Resolução CGPC n. 6/03 (arts. 9º/40) com novos esclarecimentos da Resolução SPC n. 5/03.

O comando regulamentar simplificou os requisitos, reduzindo-os a apenas dois: a) período de carência e b) inelegibilidade a um dos benefícios da OABPrev.

Com vistas à legalidade, imagina-se que o preceito não ofenda os postulados da LBPC, especial que: "O direito à portabilidade será exercido na forma e condições estabelecidas pelo regulamento do plano de benefícios, em caráter irrevogável e irretratável" (parágrafo único do art. 10 da Resolução CGPC n. 6/03), que levou o regulamentador a dispensar o afastamento da OAB e a estabelecer o período de carência de três anos.

O dispositivo não restringe o fundo de pensão receptor do capital portado, se entidade aberta ou fechada e associativa ou não (LBPC, art. 27).

Resta evidente que se trata de uma faculdade, pois o advogado a ela não está obrigado.

———

Para que possa efetuar a portabilidade ele terá de estar vinculado há 36 meses (exigência que colheu do art. 14, II, da Resolução CGPC n. 6/03).

———

Segundo o art. 14, § 2º, da Resolução CGPC n. 6/03, de discutível legalidade: "A concessão do benefício pleno sob a forma antecipada, conforme previsto no regulamento do plano, impede a opção pela portabilidade".

Per se, o texto deixa dúvida se está falando na concessão hipotética ou consumada, mas de todo modo restringir a portabilidade àqueles que estão assistidos ou estão elegíveis a uma prestação, é afirmação que não deflui dos art. 14/15 e 27 da LBPC, que não impôs essa condição.

No seu inciso II, o art. 40 reclama do participante que ele não seja elegível a qualquer benefício, o que contraria a LBPC, forçando-o a requerido na OABPrev.

———

A irrevogabilidade e a irretratabilidade só tem sentido se a operação se consumar integralmente e com sucesso. Elas não impedem que, posteriormente, o participante deixe o fundo de pensão para o qual se transferira e, preenchidos os requisitos legais e regulamentares (retorno ao primeiro empregador), volte, com sua nova portabilidade, ao antigo fundo de pensão.

Valor da Portabilidade   Capítulo XLI

Art. 41. Os recursos a serem portados corresponderão ao valor do saldo da Conta Participante.

Remissão: art. 14,I, 15 e 17 da LBPC;

       arts. 40 e 42 do RB;

       Resolução CGPC n. 9/02;

       Resolução CGPC n. 6/03;

       Resolução SPC n. 5/03.

Sem embargo do que diz o art. 42 do RB, assevera o art. 41 que o montante que constará do Termo de Portabilidade será o saldo da conta participante.

Não fala, aqui, em taxa de administração, porque ela tem outra fonte. Trata-se do saldo líquido, porque o valor pecuniário registrado pode estar se prestando para alguma dedução regulamentar.

Capítulo XLII   *Direito Acumulado*

Art. 42. O direito acumulado pelo Participante Ativo no Plano de Benefícios, definido em Nota Técnica Atuarial, corresponde ao valor do saldo da Conta Participante, na data da opção pela Portabilidade.

Parágrafo único. O valor a ser portado será atualizado pela valorização da Cota, no período compreendido entre a data da base de cálculo e a efetiva transferência dos recursos ao Plano de benefícios receptor.

Remissão: art. 15 da LBPC;

             arts. 40/41 do RB;

             Resolução CGPC n. 9/02;

             Resolução CGPC n. 6/03;

             Resolução SPC n. 5/03.

Não se sabendo qual a diferença entre os "recursos" do art. 41 e o "direito acumulado" do *caput* do art. 42, invocando Nota Técnica (*sic*), o RB diz que será o da data da opção pela portabilidade.

Este dispositivo e o seu parágrafo único poderiam ser parágrafos do art. 41 do Regulamento Básico.

Omitindo-se quanto à data em si mesma e complicando os cálculos, o dispositivo diz que a data da opção é a que determina o valor *quantum*. Poderia ser a do último dia do mês anterior à decisão do advogado.

———

Provavelmente porque admite que entre a data da opção e a da transferência passam-se alguns dias.

Entenda-se que a atualização diária é a promovida pela OABPrev; emitido o Termo de Portabilidade e transferido o valor, cessará a sua responsabilidade.

Recepção de Portabilidade

Capítulo XLIII

Art. 43. Os recursos recepcionados de outros Planos de Benefícios serão creditados na SubConta Portabilidade e terão, até a data da elegibilidade dos benefícios previstos no art. 26 deste Regulamento, controle em separado e registro contábil específico.

Remissão: art. 14, I, 15 e 27 da LBPC;

       arts. 40/42 e 48 do RB;

       Resolução CGPC n. 9/02;

       Resolução CGPC n. 6/03.

       Resolução SPC n. 5/03.

Nos arts. 40/42 Regulamento Básico dispõe sobre a portabilidade deflagrada pela EFPC emissora, isto é, a OABPrev, emissora do Termo de Portabilidade, com os oito elementos do art. 48, I/VIII, do RB.

Aqui a norma disciplina a hipótese de a OABPrev ser receptora de recursos e como os contabilizará. Dá a entender que além da conta participante, haverá uma subconta portabilidade própria do advogado que tenha feito parte de outro fundo de pensão e que, mediante esse instrumento legal, tenha trazido capital acumulado para o plano da OABPrev.

Com efeito, o advogado terá duas contas, registrando as mensalidades que trouxe quando da inscrição (ou depois dela) e as aquelas que vinha aportando e ambas serão responsáveis pelas suas prestações. Excetuado o controle, não se alcança o sentido da separação porque serão recursos do titular e que eles, por sua vez, numa nova portabilidade, poderão migrar para um terceiro fundo de pensão.

Não há por que não interpretar o valor da portabilidade recepcionado como uma contribuição eventual única (art. 9º, II).

Capitulo XLIV   *Resgate do Valor Vertido*

Seção III

DO RESGATE

Art. 44. O Participante Ativo poderá optar pelo instituto do Resgate, para recebimento do saldo da sua conta individual, caso não tenha preenchidos os requisitos para receber qualquer um dos Benefícios Previdenciários previstos no art. 26 deste Regulamento.

§ 1º. O pagamento do resgate está condicionado ao cumprimento de um prazo de carência de 24 (vinte e quatro) meses, contado a partir da data de inscrição do Participante ao Plano.

§ 2º. O exercício do resgate implica a cessação dos compromissos do Plano em relação ao Participante e seus Beneficiários.

Remissão: art. 14, III, da LBPC;

art. 21, V, da Lei n. 6.435/77;

art. 20, V, do Decreto n. 81.240/78;

art. 29, V, do Decreto n. 81.402/78;

Resolução CGPC n. 9/02;

arts. 19/26 da Resolução CGPC n. 6/03;

art. 9º da Instrução SPC n. 5/03;

art. 2º, XXIV, 16, §§ 1º/4º e 45, do RB;

Resolução CGPC n. 19/05.

Na esteira do *vesting* e da portabilidade, previstos no art. 14 da LPBC, o RB da OABPrev dispõe sobre o resgate.

1) Conceito legal

Para o art. 14, III, da LBPC, o resgate é a percepção da "totalidade das contribuições vertidas ao plano pelo participante, descontadas as parcelas do custeio administrativo". Não é bem uma definição nem um conceito, mas uma descrição desse instituto técnico previsto desde o art. 21, V, da Lei n. 6.435/77.

2) Conceito regulamentar

O RB da OABPrev também não tem um conceito do que seja o resgate, apenas dizendo que será o "recebimento do saldo da sua conta individual". A impressão que dá é que todos sabem o que é essa técnica complementar.

3) Conceito doutrinário

Para nós é a "possibilidade de o participante que se arreda do fundo de pensão, sem que tenha tido oportunidade de usufruir as prestações de pagamento continuado convencionadas (por não ter preenchido os requisitos pactuados), sacar e dispor livremente o que aportou mensalmente, montante freqüentemente designado como reserva de poupança, acrescido dos ganhos financeiros e deduzidos certo ônus inerentes à relação jurídica da previdência complementar" (*Comentários à Lei Básica da Previdência Social*, São Paulo: LTr, 2003, p. 143).

4) Natureza jurídica

O resgate é uma prestação financeira de pagamento único do participante que preenche certas exigências regulamentares, isto é, um direito pactuado no regulamento referente às contribuições que verteu e que lhe devem ser restituídas quando se afastar do plano de benefícios.

Tem, por assim dizer, certa semelhança com o pecúlio.

5) Período de carência

Partindo do equívoco cometido pelo art. 23 da Resolução CGPC n. 6/03, que manda contar o período de carência da inscrição — não da primeira contribuição — o RB da OABPrev fala em 24 meses contados da inscrição, os quais podem não corresponder a 24 mensalidades de contribuição. Nesse sentido, pois, o disposto no art. 44, § 1º, não é o período de carência do art. 26 do PBPS (definido como número mínimo de contribuições); ele deseja apenas tempo de permanência na EFPC.

Embora seja vedada a estipulação de período de carência para a EFPC não associativa, o art. 9º, da Instrução SPC n. 5/03 a autoriza para a entidade associativa.

6) Objetivo regulamentar

Principalmente porque adotou o plano de contribuição definida, em que menor a solidariedade, e pensando em atrair os advogados, liberando-os para deixarem a OABPrev (praticamente) assim que o desejarem, o RB pretende facilitar o saque para concorrer com previdência aberta.

7) Características básicas

O resgate apresenta algumas nuanças que o distinguem:

I) Afastamento da entidade — De acordo com o art. 19 da Resolução CGPC n. 6/03, uma condição é que o participante deixe o plano; presumida, o RB só se refere a essa condição no art. 2º, XXIV.

II) Período de carência — Especificamente para as entidades associativas há a imposição de um tempo mínimo na EFPC.

III) Valor do vertido — O resgate refere-se ao que o advogado aportou e os frutos das aplicações vinculadas a mensalidades. O *quantum* é o total da conta participante, devidamente atualizada até a data da opção.

IV) Semelhança com a portabilidade — Excetuado no que diz respeito à disponibilidade do valor, o resgate é parecido com a portabilidade.

V) Fim da relação — A percepção do *quantum* do resgate põe fim à relação jurídica antes reiniciada, sem prejuízo de ser posteriormente restabelecida.

8) Disponibilidade do montante

Além da questão tributária, como dito, diferentemente da portabilidade, o titular dispõe do numerário, ele o recebe em dinheiro (e até, por opção subjetiva, pode levá-lo para outro fundo de pensão, como se fosse a portabilidade).

9) Pressupostos regulamentares

O RB exige apenas três requisitos:

I) Inelegibilidade de prestação regulamentar — Consoante o art. 24 da Resolução CGPC n. 6/03, não é possível resgatar se o participante faz jus a uma prestação. Essa é uma oportunidade em que o RB assinala a previdencialidade da proteção.

II) Período de carência — Somente depois de 24 meses da inscrição é possível o resgate.

III) Retirada da EFPC — Afastamento do plano de benefícios da OABPrev (art. 2º, XXIV).

10) Taxa de administração

Tendo em vista que as despesas administrativas são custeadas com contribuição específica, para isso adequada conforme o art. 16, §§ 1º/4º, seu valor não afeta o resgate.

11) Resgate da portabilidade

Segundo o art. 21 da Resolução CGPC n. 6/03, não é possível resgatar o valor que foi portado, mas, aparentemente, essa disposição refere-se apenas às EFPC não associativas (em que o montante portado inclui as contribuições do participante e da patrocinadora) o que não ocorre com o resgate na EFPC associativa.

12) Modalidade de pagamento

Conforme o art. 45, §§ 1º/2º, as modalidades de pagamento são duas: a) único e b) parcelado.

———

Estipula o § 1º um período de carência, contado da data da inscrição do participante na OABPrev que, necessariamente, não coincidirá com 24 mensalidades.

Se não tiver 24 mensalidades pagas ou meses de filiação, o advogado precisará pagar o que falta para poder sacar o total.

———

Excetuado direito pretérito à data da opção pelo instituto técnico (que sempre poderá ser exercido dentro do prazo decadencial de cinco anos), com pagamento do resgate cessa a relação jurídica anteriormente estabelecida, podendo nascer futuramente uma nova relação.

Capítulo XLV   *Pagamento do Resgate*

Art. 45. O pagamento do Resgate será efetuado na forma de pagamento único ou, por opção única e exclusiva do Participante, em até 12 (doze) parcelas mensais e consecutivas.

§ 1º. No caso de opção do Participante pelo pagamento parcelado cada parcela vincenda será atualizada pela variação da Cota.

§ 2º. O pagamento a que se refere o *caput* deste artigo será feito até o 5º dia útil do mês subseqüente ao do deferimento do pedido.

Remissão: art. 14 da LBPC;

        Resoluções CGPC ns. 9/02 e 6/03;

        Instrução SPC n. 5/03;

        art. 44 do RB.

Trata o art. 45 da modalidade de quitação do resgate, que poderá ser única ou parcelada, determinada por escolha pessoal do participante. A despeito do "exclusiva", evidentemente, essa opção será do participante vivo; caso faleça logo após tê-lo solicitado sem haver indicado o modo, os dependentes terão direito de escolha.

Quando requerê-lo indicará como deseja que seja efetuado o desembolso. O fato de parcelar a quitação não transforma esse instituto técnico em benefício nem em benefício de pagamento continuado.

———

Quando diz que cada parcela será atualizada, significa que a primeira, recebida até o dia 5 do mês subseqüente ao deferimento, não o será, mas claramente, que a conta participante, expressada em cotas, estará permanentemente sendo corrigida monetariamente com a variação do INPC.

———

O § 2º cuida da data do pagamento do resgate em pagamento único: terá de ser até o dia o dia 5 do mês seguinte ao da concessão. No caso de parcelamento não há por que não ser mensalmente na mesma data.

CAPÍTULO IX

DO EXTRATO, TERMO DE OPÇÃO E TERMO DE PORTABILIDADE

Seção I

DO EXTRATO

Art. 46. O OABPrev-SP fornecerá Extrato ao Participante, no prazo máximo de 30 (trinta) dias contados da data do seu requerimento protocolado na Entidade, contendo:

I — valor correspondente ao direito acumulado no Plano de Benefícios, com a ressalva de que tal valor será reajustado pela variação da cota entre a data de seu cálculo e data de efetiva Portabilidade de tais recursos;

II — valor do resgate, contendo o saldo de Conta Participante livre de tributos (bruto) e com sua incidência (líquido);

III — elegibilidade ao benefício decorrente da opção pelo Benefício Proporcional Diferido;

IV — data base de cálculo do Benefício Proporcional Diferido, com a indicação do critério de atualização;

V — montante garantidor do Benefício Proporcional Diferido;

VI — data base do direito acumulado a ser portado pelo Participante Ativo;

VII — valor atualizado dos recursos portados pelo Participante Ativo de outros planos;

VIII — indicação do critério que será utilizado para a atualização do valor objeto da Portabilidade, até a data de sua efetiva transferência;

IX — valor do resgate, com observação quanto à incidência de tributação;

X — data base de cálculo do valor do resgate;

XI — indicação do critério que será utilizado para a atualização do valor do resgate, até a data do efetivo pagamento;

XII — saldo de eventuais dívidas do Participante com o Plano de Benefícios Previdenciários do Advogado;

XIII — indicação dos critérios de custeio dos benefícios de Aposentadoria por Invalidez e de Pensão por Morte previstos neste Regulamento.

Parágrafo único. Os valores referidos nos incisos deste artigo devem ser apurados na data do requerimento do Extrato pelo Participante.

Remissão: art. 202, da CF;

    Lei n. 11.053/04;

    Decreto n. 4.942/03;

    Resolução CGPC n. 1/01;

    IN SPC ns. 41/02 e 7/05;

    art. 48 e 53 do RB.

Observando os ditames da LBPC e do princípio da transparência insculpidos na Carta Magna, o Regulamento Básico da OABPrev regra sobre a prestação de informações aos participantes e beneficiários. Nisso atende a diversas disposições do órgão regulador e fiscalizador da previdência complementar, empenhados na publicidade do segmento. Chama de extrato o documento emitido pela EFPC em que fornecerá importâncias e esclarecimentos.

Solicitado pelos interessados (dá a impressão de que está se referindo apenas ao participante, mas os dependentes têm o mesmo direito e, a rigor, até os herdeiros), deverá atender à pretensão até 30 dias após a data do protocolo do pedido. Se não o fizer, sujeitar-se-á ao regime repressivo do Decreto n. 4.942/03 (arts. 65 e 95).

Nos termos da lei, esse extrato terá de ser vazado em linguagem acessível ao comum dos mortais, sem fórmulas matemáticas herméticas nem expressões excessivamente técnicas.

Os elementos e dados que compõem o extrato foram indicados nos 13 incisos abaixo relacionados, momento em que o regulamentador não foi muito feliz, complicando o que era simples.

———

A primeira exigência é informar a soma do valor que se prestará para a portabilidade, constante do Termo de Portabilidade (RB, art. 48, V). Reproduzirá o *quantum* do capital acumulado pelo advogado durante todo o seu período contributivo mais os frutos das aplicações. E esse montante terá de ser atualizado até a data da efetiva portabilidade, isto é, a data da entrega do Termo de Portabilidade. O critério de atualização comparece no inciso VIII.

———

O inciso II cuida do mesmo capital acumulado, pensando-se no resgate, que também terá de ser atualizado monetariamente, indicando-se o total bruto, a importância do IR a ser retido e o valor líquido. O inciso IX desnecessariamente volta a falar nesse montante, acrescido da idéia da atualização.

Embora a expressão "elegibilidade" signifique critério jurídico de definição de pressupostos regulamentares e não um numerário, ele também terá de ser objeto do extrato. Ou seja, é preciso indicar quanto o advogado possui na conta participante (inciso V), que ficará retido na EFPC em razão do *vesting*, a ser aduzido com os frutos das aplicações e responsável pelo benefício proporcional diferido (inciso V).

O inciso IV aponta a data-base em que foi calculado o capital acumulado que proporcionará a manutenção do *vesting*, explicando-se qual o critério de atualização do total que o compõe.

Embora pudesse tê-lo explicitado no inciso III, o RB agora indica a necessidade de deixar claro o valor do capital acumulado para fins do *vesting*.

No inciso VI volta a tratar da portabilidade, afirmando a imprescindibilidade de aclarar qual foi a data-base que se prestou para o cálculo do direito acumulado objeto dessa portabilidade.

Quando a OABPrev for o fundo de pensão receptor de recursos portados pelo advogado, ela os recepcionará financeira e contabilmente e os indicará no extrato (inciso VII).

Para o inciso VIII, é útil a indicação do critério utilizado para apurar-se o montante da portabilidade.

O inciso IX repete um pouco o inciso II, insistindo na distinção quanto à incidência de tributação.

O inciso X menciona a data-base da definição do resgate.

Novamente comparece o resgate (*sic*), tratando agora do critério de atualização até a data do efetivo pagamento.

———

O inciso XII, mudando de assunto, aborda as eventuais dívidas do participante, que podem nascer de várias causas, como inadimplência, recolhimento a menor do que a contribuição mínima, benefícios pagos a maior, etc.

———

Por último, aclaramento de como se operará contribuição para custear a aposentadoria por invalidez e a pensão por morte, as duas prestações imprevisíveis do plano de benefícios da OABPrev.

Opção pelo Instituto   *Capítulo XLVII*

Seção II
DO TERMO DE OPÇÃO

Art. 47. Após o recebimento do Extrato referido no artigo 46 deste Regulamento, o Participante terá o prazo máximo de 60 (sessenta) dias para formalizar sua opção por um dos Institutos a que se refere o Capítulo IV, mediante o protocolo de Termo de Opção.

§ 1º. O Termo de Opção deverá conter:

I — identificação do Participante;

II — identificação do Plano de Benefícios e

III — opção efetuada entre os Institutos previstos neste Regulamento.

§ 2º. O Participante que não se definir por um dos Institutos previstos no artigo 7º deste Regulamento, até o prazo previsto no *caput* deste artigo, será considerado como tenha optado pelo Benefício Proporcional Diferido.

§ 3º. Se o Participante ativo questionar as informações constantes do Extrato, o prazo para opção a que se refere o *caput* deste artigo será suspenso até que sejam prestados os pertinentes esclarecimentos, num prazo máximo de 15 (quinze) dias úteis.

Remissão: Decreto n. 4.206/02;

        Decreto n. 4.942/03;

        arts. 26 e 46 do RB.

O advogado filiado à OABPrev tem o poder jurídico de escolher uma prestação programada (o abono anual decorre dessa escolha) e uma prestação não programada (invalidez); seus dependentes farão jus à pensão por morte, no caso do seu falecimento. No RB da OABPrev tais prestações são tidas como benefícios previdenciários.

O Regulamento Básico ainda prevê o que chama de institutos técnicos: autopatrocínio (RB, art. 8º), *vesting* (RB, arts. 37/39), portabilidade (art. 40/43), resgate (RB, arts. 44/45). À exceção do primeiro, estes três direitos, pode-se dizer, são pecuniários; mas existem outras pretensões pessoais como a licença (RB, art. 13) e a percepção de valores por parte de herdeiros (RB, art. 29, § 2º).

Neste art. 47, o Regulamento Básico regula como o advogado fará a escolha por um desses institutos técnicos. Cria um documento que chama de Termo de Opção, formulário impresso que a OABPrev preparará e o entregará para o preenchimento.

No prazo estabelecido de 60 dias, o participante terá de escolher qual a solução que deseja em relação a esses institutos técnicos. Trata-se de manifestação escrita de vontade, que pode gerar dúvidas mais tarde, de tal sorte que o RB explicita uma regra de substituição dessa vontade (§ 2º). Assim, se o documento não registrar a volição do titular ou se ele não o preencheu, aplica-se a vontade do RB, que é a do *vesting*.

Obviamente, o documento deverá indicar o nome e a filiação do advogado. Identificação não é qualificação, bastando a menção ao nome e ao número da OAB (inciso I).

Também é necessário apontar o plano de benefícios; imagina-se que algum dia haverá mais do que um deles.

Por último (inciso III), a disposição de vontade do advogado, momento em que ele apontará o instituto técnico que deseja.

O § 2º trata de falta de vontade, matéria delicada em Direito Previdenciário, firmando-se cláusula discutível, que é a escolha feita pela EFPC. Muito provavelmente se entenderá que será possível ao participante, expressando por escrito o seu desejo, alterar essa disposição regulamentar.

Pode dar-se de o participante discordar dos dados constantes do extrato. Nesse caso, contestando-os por escrito, num prazo máximo de 15 dias, a OABPrev terá de prestar os esclarecimentos necessários. Entram em considerações as disposições do contencioso administrativo (*Direito Previdenciário Complementar Procedimental*, São Paulo: LTr, 2007).

Finalmente, definido os valores do extrato, à vista da expressão suspensão, reabre-se o prazo de 60 dias para a opção.

Termo de Portabilidade Capítulo XLVIII

Seção III
DO TERMO DE PORTABILIDADE

Art. 48. Se o Termo de Opção indicar a escolha do Participante pela Portabilidade, o OABPrev-SP encaminhará o Termo de Portabilidade, devidamente preenchido à Entidade que opera o Plano de Benefícios Receptor, indicada pelo participante.

Parágrafo único. O Termo de Portabilidade conterá, obrigatoriamente:

I — a identificação e anuência do Participante;

II — a identificação do OABPrev-SP com a assinatura do seu representante legal;

III — a identificação da Entidade que opera o Plano de Benefícios Receptor;

IV — a identificação do presente Plano de Benefícios e do Plano de Benefícios Receptor;

V — o valor a ser portado constante do Extrato;

VI — critério de atualização do valor a ser portado até o último dia útil anterior ao da efetiva transferência dos recursos;

VII — prazo para transferência dos recursos e

VIII — a indicação da conta corrente titulada pela Entidade que administra o Plano de Benefícios Receptor.

Remissão: art. 14, I, 15 e 17 da LBPC;

art. 42, II, do Decreto n. 4.206/02;

arts. 2º, 40/43 e 46 do RB;

Resolução CGPC n. 9/02;

Resolução CGPC n. 6/03;

Instrução SPC n. 5/03.

Tendo optado por transferir os recursos financeiros que acumulou no plano de benefícios da OABPrev para outro fundo de pensão (que pode ser uma entidade associativa dos advogados de outro Estado da República), essa mudança se formaliza partindo do extrato, em que indicado o valor acumulado pelo advogado, a emissão de um documento designado como Termo de Portabilidade, formulário relevante a ser emitido pelo menos em três vias, com os seguintes destinos: a) arquivo da EFPC emissora (OABPrev); b) participante e c) encaminhada à EFPC receptora dos recursos.

O Termo de Portabilidade é um documento declaratório em que a OABPrev afirma a existência de um capital acumulado a ser transportado para outra entidade (associativa ou não). Carece de análise por parte do titular, que verificará a sua validade, especialmente no que diz respeito ao *quantum* a ser portado.

O parágrafo único arrola oito informações obrigatórias a serem preenchidas no documento, que não dispensa outros dados ou elementos julgados necessários (como os que dizem respeito ao contraditório e direito de defesa do participante).

O primeiro dispositivo diz respeito à enunciação do beneficiário da portabilidade. A expressão "anuência", em face do Termo de Opção (RB, art. 47), só pode significar que o advogado concorda com os termos do Termo de Portabilidade, sem prejuízo de eventual contestação no prazo de cinco anos. Não quer dizer disposição de se transferir, porque esse papel é exercido pelo aludido Termo de Opção.

Possivelmente o formulário terá o logotipo da OABPrev ou a sua razão social escrita acima da expressão "Termo de Portabilidade". Importa também que compareça a assinatura do responsável pela emissão, que será o representante legal, normalmente o diretor da entidade.

Evidentemente que é necessário indicar qual a entidade que recepcionará o valor a ser portado, de preferência com referência expressa ao seu CNPJ (inciso III).

Haverá dois campos para indicação do Código do Plano de Benefícios, informado pela SPC (Resolução CGPC n. 14/04 e IN SPC n. 4/04) das duas entidades: emissora e receptora.

A talvez mais relevante informação: o valor a ser portado, numericamente, em moeda corrente e por extenso (inciso V).

O inciso VI aduz que é preciso explicitar o critério adotado de atualização do montante até a véspera da transferência do capital acumulado.

Há de ser fixado um prazo para a transferência dos recursos.

Por último, a referência à conta bancária da entidade receptora, presumindo-se que o valor seja em dinheiro.

Quando estudamos a portabilidade na entidade fechada; já assinalamos 10 itens: "a) nome completo e matrícula; b) endereço do titular; c) número da Cédula de Identidade; d) número do CPF; e) número do PIS-PASEP; f) cargo e função na empresa; g) tempo de serviço declarado no RGPS e, se for o caso, no serviço público; h) período de trabalho para a antiga patrocinadora; i) tempo de filiação na entidade cedente; e j) condição de participante ativo" (*Portabilidade na Previdência Complementar*, São Paulo: LTr, 2004, p. 80).

Capítulo XLIX   *Alterações do Plano*

CAPÍTULO X
DAS ALTERAÇÕES DO PLANO

Art. 49. Este Regulamento só poderá ser alterado por decisão do Conselho Deliberativo, e com a aprovação do órgão oficial competente.

Remissão: art. 5º, XXXVI, da CF;

          art. 3º da EC n. 20/98;

          Súmula 359 do STF;

          art. 6º da LICC;

          art. 2º da CLT;

          arts. 17 e 68 da LBPC;

          art. 28 da Minuta do Regulamento;

          IN SPC ns. 25/01 e 37/02.

O art. 49 dispõe sobre as alterações do Regulamento Básico e, por conseguinte, do Plano de Benefícios, após a oitiva do Conselho Deliberativo e consulta à Secretaria de Previdência Complementar.

O papel do CD da OABPrev será de convalidar a decisão da Diretoria Executiva ou não, em face de idéia estudada e apresentada. A função da SPC será de verificar a regularidade, legalidade e legitimidade da modificação proposta. Não pode, por sua vez, alterá-la, cabendo-lhe aprovar ou não e, se for o caso, apresentar sugestões. Até porque não será responsável pelas conseqüências, ainda que tenha sancionado o indevido.

Esse preceito é simples, vazado em poucas palavras, mas sugere que alterações podem ocorrer, são previsíveis, sem esgotar o tema.

O direito de mudanças na previdência complementar é completado quando prevalece o interesse público, e promovido pensando no equilíbrio do plano de benefícios, ajuizado com vistas ao interesse dos destinatários. Tudo pode, a partir de sua eficácia, se respeitado o direito adquirido, o ato jurídico perfeito e a coisa julgada (CF, art. 5º, XXXVI).

Mas, com certeza não será apenas o CD que cuidará de alterações; o sistema submete-se ao *factum principis*. Quando a LBPC ou outra lei válida mudar, atingirá a todos.

São exemplos: se o INPC amanhã for substituído por outro indexador; se ele não mais existir terá de ser trocado por outro, o que mais cumpra o seu papel. Se uma norma legal estipular idade mínima para a aposentadoria programada, ela terá de ser observada exceto para o advogado que tenha preenchidos os requisitos regulamentares.

A decisão do Conselho Deliberativo, órgão representativo dos participantes, é soberana, admitindo contestação, se fundada em premissas equivocadas. Quando de modificações do indexador, que atualizará o valor das complementações, não é estranha a discordância quanto a escolha feita. Mediante estudo científico idôneo, nota técnica atuarial e parecer jurídico fundamentado, tem cabimento a contestação administrativa ou judicial. Não fica descartada a Audiência Pública, caso a questão em jogo seja relevante para a classe dos advogados.

Capítulo L — Fonte de Custeio

Art. 50. Nenhum benefício poderá ser criado, alterado ou estendido por este Plano sem que, em contrapartida, seja estabelecida a respectiva fonte de custeio.

Remissão: art. 195, § 6º, da CF;

>art. 68 da LOPS;

>art. 93 da CLPS;

>art. 125 do PBPS;

>art. 152 do RPS.

Quem propôs a redação do Regulamento Básico da OABPrev deve ter reunido vários regulamentos de EFPCs e reparado que praticamente todos eles disciplinam algo parecido com o princípio constitucional da precedência do custeio. Praticamente (apenas tirou o "serviço") copiou a redação do art. 125 da Lei n. 8.213/91 (PBPS).

Ainda que em muitos casos ele possa ter aplicação, tendo em vista que se trata de plano CD, tem pouca serventia. Em relação ao RGPS, a ancianidade do dispositivo, aliás, desrespeitadíssimo pelo legislador ordinário, teria sentido se fosse observado.

Como equacionado, ordenado e sistematizado o plano de benefícios da OABPrev, raramente poderão ser criadas prestações, alteradas (para maior) ou estendidas, porque os recursos são individualizados, mas talvez fosse possível, em matéria de aposentadoria por invalidez, e ainda seria difícil realizar-se a hipótese.

Retirada do Instituidor
Capítulo LI

Art. 51. A retirada do Instituidor dar-se-á na forma estabelecida no convênio de adesão, observada a legislação aplicável.

Remissão: art. 10 da LBPC;

    Resolução CPC n. 6/88;

    Resolução CGPC n. 12/02;

    Resolução CGPC n. 20/06.

Abstraindo, por ora, um aspecto formidável (custeio das prestações), não há muita diferença entre a retirada de patrocinadora e a retirada de instituidora. Neste último caso, enfatiza-se a extinção da supervisão e ignora-se o financiamento.

Ocorre a retirada de instituidora assim que uma entidade associativa (profissional, sindical ou setorial) resolve que a EFPC, que ela havia implantado, deva promover sozinha todas as ações inerentes ao seu papel, em matéria de administração do custeio e de pagamento dos benefícios. Se não havia qualquer co-responsabilidade entre ambas, com o afastamento, menos ainda haverá depois.

A hipótese é remota, mas possível; a ligação entre instituição e instituída é mais acentuada que entre patrocinadora e patrocinada. Os serviços prestados pela EFPC associativa são o único meio de os profissionais obterem a complementação do RGPS fora da iniciativa privada lucrativa (exceto em se tratando de advogados de empresas com fundos de pensão ou que prestam serviços públicos).

A Resolução CGPC n. 12/02, que regulamentou a entidade associativa, nada dispôs sobre o afastamento de instituidora. Nem mesmo fez qualquer observação a respeito das implicações da Lei n. 10.243/01, que descaracteriza a previdência complementar como modalidade salarial.

Certos empregadores não patrocinadores de fundos de pensão contratam trabalhadores cujas profissões são regulamentadas, principalmente liberais (advogados, médicos, engenheiros, etc.) e admitem, também, obreiros filiados a sindicatos que podem organizar entidades associativas.

De acordo com o *caput* do art. 10 da Resolução CGPC n. 12/02: "O plano de benefícios deverá ser estruturado na modalidade de contribuição definida" (redação dada pela Resolução n. 20/06), mas se esses empregadores entenderam de cooperar financeiramente com o profissional filiado à entidade associativa, de certa forma, são provedores da proteção. Ainda que a lei não os veja assim porque não criaram uma entidade (que preexiste a sua decisão).

Nem se trata de patrocínio; não há uma entidade patrocinada, mas apenas provida negocialmente.

O ato constitutivo dessa relação obrigacional é um contrato coletivo celebrado diretamente com os participantes (associados, sindicalizados, cooperados, etc.) ou nascido de acordo, convenção coletiva ou edital de privatização. Um gesto unilateral ou convencional, que gera obrigações para os empregadores. De regra, ele deve prever o direito de sair, caso contrário as partes poderão entrar em conflito trabalhista adiante, embora a relação não seja laboral, mas previdenciária (Lei n. 10.243/01).

Esses empregadores, que algum dia resolveram assumir esse compromisso, dele podem desistir e se o contrato celebrado não prever continuidade da cotização, a sua desistência não é igual à retirada da patrocinadora por falta de previsão legal. Cessa na hora, sem considerações quanto às reservas matemáticas ou equilíbrio do plano, sem desonerá-lo de dívidas assumidas até a data-base. A matéria ainda padece de normas regulamentadoras.

De acordo com o art. 10, § 4º, da Resolução CGPC n. 12/02, com a redação da Resolução CGPC n. 20/06: "Adicionalmente ao disposto no § 1º, os empregadores ou instituidores poderão, respectivamente em relação aos seus empregados ou membros e associados vinculados ao plano de benefícios de que trata esta Resolução, efetuar contribuições previdenciárias para o referido plano, condicionada à prévia celebração de instrumento contratual específico".

Figura nova e rara, possivelmente ainda não praticada, nessa retirada, depois de haver convencionado com os empregados que cooperaria financeiramente com os custos da entidade instituída para eles por associação, sindicato, cooperativa ou outro ente autorizado, o empregador se afasta e não mais contribui. A natureza e as obrigações dessa retirada estão diretamente relacionadas com o que foi pactuado anteriormente.

A retirada da OAB como instituidora da OABPrev nem sequer é cogitada, porque o vínculo com a EFPC será muito íntimo, verdadeiramente um braço protetivo do órgão de controle do exercício profissional, mas remotamente pode dar-se algum dia, tanto quanto a retirada do ente político em relação ao fundo de pensão de natureza pública (*Retirada de Patrocinadora*, São Paulo: LTr, 2007). Evidentemente, que terá de ser conforme acordado no Convênio de Adesão.

Decadência e Prescrição

CAPÍTULO XI
DAS DISPOSIÇÕES GERAIS

Art. 52. Sem prejuízo do benefício, prescreve em cinco anos o direito às prestações não pagas nem reclamadas na época própria, resguardados os direitos dos menores dependentes, dos incapazes ou dos ausentes, na forma do Código Civil.

Remissão: art. 74 da LBPC;

arts.102/103 do PBPS.

Como acontece com a redação do PBPS, mas aparentemente todos a entendem, o art. 52 dispõe sobre dois institutos previdenciários tradicionais: a) imprescritibilidade do direito aos benefícios (de pagamento continuado) e b) prescrição de algumas parcelas (*dormientibus non sucurrit jus*).

O preceito é sumaríssimo e não faz distinção entre o pedido administrativo (o mais comum) e a ação judicial; também não separa o raciocínio de quem está pedindo o benefício daquele que já o tem mantido. Ademais, também não especifica a situação particular da pensão por morte (que envolve menores, incapazes e ausentes). Por último, silencia a respeito de um eventual pecúlio que prescreverá em cinco anos.

Benefício não pago significa o que foi requerido e foi negado, benefício não reclamado é aquele que, ultrapassada a época, não foi requerido.

A época própria é no mês seguinte ao da cessação das contribuições.

A prescrição não vale para o advogado incapaz ou ausente.

Relativamente à decadência do direito, algumas regras podem ser lembradas.

a) Pedido antes de cinco anos — Se o advogado solicitar um benefício de pagamento continuado até cinco anos após a cessação das contribuições mensais (database de referência), a DIB coincidirá com a DER. Não existem atrasados contados dessa DER para trás.

b) Pedido depois de cinco anos — Se o advogado solicitar um benefício de pagamento continuado cinco anos após a cessação das contribuições mensais, a DIB continuará coincidindo com a DER. Da mesma forma, não existem atrasados contados dessa DER para trás.

c) Pedido de revisão de cálculo de benefício mantido, solicitado antes de cinco anos da DIB — Como o direito posteriormente reconhecido nasceu na DIB, não importando quando foi declarado, os atrasados das diferenças reclamadas retroagirão desde aquela DIB.

d) Pedido de revisão de cálculo de benefício mantido, solicitado depois de cinco anos da DIB — Como o direito nasceu na DIB, não importando quando foi declarado, os atrasados da diferença reclamada iniciar-se-ão desde aquela. Logo, os cinco anos não interferem no raciocínio.

e) Solicitação do benefício diretamente à Justiça Estadual, antes de cinco anos da cessação das contribuições — Por qualquer motivo, se o advogado busca o seu direito no Judiciário e isso for cabível, a DIB coincidirá com a Data da Petição Inicial (DPI) que seria uma espécie de DER na OABPrev.

f) Solicitação do benefício diretamente à Justiça Estadual, depois de cinco anos da data da cessação das contribuições — No mesmo caso, a DIB coincidirá com a Data da Petição Inicial (DPI).

g) Pedido de revisão de cálculo de benefício mantido administrativamente há algum tempo, solicitado à Justiça Estadual antes de cinco anos da DIB — Os atrasados remontarão a DPI e, para trás retroagirão até a DIB.

h) Pedido de revisão de cálculo de benefício mantido administrativamente há algum tempo, solicitado à Justiça Estadual após cinco anos da DIB — Os atrasados remontarão à DPI e, para trás, por cinco anos. Os anos pretéritos aos cinco anos estão perdidos pela decadência.

i) Prescrição de pecúlio — Na hipótese do art. 34 do RB, em que se configura um verdadeiro pecúlio, substancialmente se trata de um benefício de pagamento continuado, devendo ser aplicadas as regras acima. Nestas condições de benefício inferior a R$ 120,00, o pagamento não prescreverá em cinco anos.

Transparência da Proteção   *Capítulo LIII*

Art. 53. Aos participantes serão entregues cópias do Estatuto do OABPrev-SP e deste Regulamento, além de outros documentos que descrevam, em linguagem simples e precisa, as características principais do plano de benefícios, sem prejuízo de outros exigidos pelo órgão regulador e fiscalizador.

Remissão: arts. 5º, XXXII e 202, § 1º, da CF;

    art. 10 da LBPC.

Diz o art. 10, § 1º, da LBPC, que "A todo pretendente será disponibilizado e a todo participante entregue, quando de sua inscrição no plano de benefícios: I/III". Note-se, *ab initio*, que a relação é *intuitu personae* com o advogado e não com seus dependentes, mas fornecer também a estes as informações mínimas relativas à cobertura previdenciária não contraria o espírito da lei.

A obrigação descrita na lei e no RB da OABPrev não se reduz a entregar os documentos constitutivos da EFPC, mas também de informar as mudanças havidas *a posteriori*.

Quando fala em entrega de cópias de documentos não significa apenas disponibilizá-los na *internet*.

Outros documentos podem ser o Convênio de Adesão entre a OAB e a OABPrev, contratos com as companhias seguradoras.

Outros documentos a serem fornecidos são os manuais explicativos.

Por linguagem simples e precisa se entende clareza de exposição das cláusulas (o que, aliás, não aconteceu com o art. 52).

Capítulo LIV *Extrato Anual*

Art. 54. O OABPrev fornecerá, anualmente, a cada Participante ou Beneficiário, extrato registrando as movimentações financeiras ocorridas no período e o saldo da Conta Participante.

Remissão: art. 202, § 1º, da CF;

art.10 da LBPC.

Complementando a disciplina do dever da EFPC de divulgar informações, o art. 54 estabelece quatro regras: a) anualidade da informação; b) destinatário: participante e dependente; c) registro das suas movimentações financeiras e d) saldo da conta do participante.

a) Anualidade — O dispositivo não explicita quando deva ocorrer a divulgação das informações, podendo-se entender por força dos usos e costumes que sejam em janeiro de cada ano depois de fechados os balanços contábeis.

b) Diferentemente do art. 53, não só o participante ativo ou assistido deve ter ciência dos números, como também os seus dependentes, então designados como beneficiários.

c) Movimentações financeiras — Elas dizem respeito à contabilidade da EFPC, com a consignação do ativo imobilizado, fruto das aplicações financeiras etc.

d) Saldo da conta — Prestando esclarecimento individualizado, deverá indicar qual o capital acumulado de cada participante ativo, não dispondo sobre o valor da conta benefício.

Dúvidas e Omissões   Capítulo LV

Art. 55. Os casos omissos e as dúvidas suscitadas na aplicação deste Regulamento serão resolvidos pelo Conselho Deliberativo do OABPrev, observada a legislação vigente, bem como os princípios gerais de direito.

Remissão: Constituição Federal;

    Lei n. 10.406/02 (CC);

    LC n. 108/01;

    LC n. 109/01;

    Lei n. 8.212/91;

    Lei n. 8.213/91;

    Decreto n. 3.048/99;

    Decreto n. 4.942/03;

    Resoluções do CGPC;

    Instruções da SPC.

Encerrando as Disposições Gerais (arts. 52/55), em preceito salutar, verdadeira regra interpretativa, diz o art. 55 que as dúvidas que emergirem da aplicação do RB serão solucionadas pelo Conselho Deliberativo da OABPrev.

Assim, a consulta, a que alude a Lei n. 9.784/99 e Decreto n. 70.235/72, devidamente protocolizada na EFPC e encaminhada ao Conselho Deliberativo, será por este colegiado solucionada. Se o interessado não ficar satisfeito com a resposta ele poderá acionar a SPC e, por último, o Poder Judiciário estadual.

As soluções dadas terão por fundamento a Constituição Federal (art. 202), as ECs n. 20/98 e 41/03, as leis complementares ns. 108/01 e 109/01, Leis ns. 9.717/98 e 10.887/04, o Código Civil e Processual Civil. Em nível hierárquico menor, o Decreto n. 4.942/03 e os atos normativos baixados pelo MPS.

Quando cabíveis, remissões à legislação básica serão muito úteis (PCSS, PBPS e RPS). Até mesmo a IN SRP n. 3/05 (custeio) e a IN INSS n. 20/07 (benefícios) poderão auxiliar o aplicador e intérprete.

Capítulo LVI   *Número de Participantes*

CAPÍTULO XII
DAS DISPOSIÇÕES TRANSITÓRIAS

Art. 56. As disposições constantes deste regulamento terão sua eficácia condicionada ao cumprimento do número mínimo de participantes fixado pelo órgão oficial competente.

Remissão: art. 13, § 2º da LBPC;

         art. 34, §§ 1º/5º do Decreto n. 4.206/02;

         Resolução CGPC n. 2/79;

         Resolução CGPC n. 2/93;

         Resolução SPC n. 1/78.

Diz o art. 13, § 2º da LBPC que: "O órgão regulador e fiscalizador dentre outros requisitos estabelecerá o número mínimo de participantes admitido para cada modalidade de plano de benefícios".

No passado a Resolução SPC n. 1/78 exigia 100 participantes (item 1.1).

A Resolução CGPC n. 2/93 admitia menos de 100 participantes, revogando o subitem 45.1 da Resolução SPC n. 1/78.

Vigência do Regulamento
Capítulo LVII

Art. 57. Este Regulamento entrará em vigor na data da aprovação pelo órgão público competente.

Remissão: arts. 10, II; 17 e 67 da LBPC;

Decreto n. 4.942/03.

O Regulamento Básico de uma EFPC, que é um de seus principais atos constitutivos, por força da LBPC, só tem eficácia jurídica após ser aprovado pelo MPS.

Assim, quem deve examinar se o mesmo atende às determinações constitucionais e da LC n. 109/01 é a SPC que, por intermédio de portaria, determinará a sua aprovação (ou não).

Embora antes possam ser tomadas outras providências burocráticas e administrativas preparatórias e até mesmo iniciar-se a campanha de adesão com a divulgação dos preceitos que supõe-se venham a ser corroborados pela SPC, juridicamente o plano entra em vigor na data estipulada na portaria ministerial.

Por isso é preciso tomar cuidado com os atos praticados até então; eles podem configurar o ilícito do art. 67 da LBPC, que é o exercício de atividade de previdência complementar de fato, punido conforme o Decreto n. 4.942/03.

ESTATUTO

Fundo de Pensão Multipatrocinado da Seccional de São Paulo da Ordem dos Advogados do Brasil e da CAASP — Caixa de Assistência dos Advogados de São Paulo — OABprev-SP

ÍNDICE

CAPÍTULO I	— DA DENOMINAÇÃO, NATUREZA, INSTITUIDORA, SEDE, FORO, OBJETIVO E PRAZO DE DURAÇÃO — Art. 1º ao 4º
CAPÍTULO II	— DO QUADRO SOCIAL — Art. 6º ao 13
CAPÍTULO III	— DOS BENEFÍCIOS — Art. 14 ao 16
CAPÍTULO IV	— DOS ATIVOS GARANTIDORES — Art. 17 ao 20
CAPÍTULO V	— DO EXERCÍCIO FINANCEIRO — Art. 21 ao 25
CAPÍTULO VI	— DOS ÓRGÃOS ESTATUTÁRIOS — Art. 26
Seção I	— DO CONSELHO DELIBERATIVO — Art. 27 ao 32
Seção II	— DA DIRETORIA EXECUTIVA — Art. 33 ao 38
Seção III	— DO CONSELHO FISCAL — Art. 39 ao 44
Seção IV	— DO CONSELHO AUDITOR FEDERAL — Art. 45 ao 49
Seção V	— DO REGIME DO EXERCÍCIO DE MANDATO DE MEMBROS DOS ÓRGÃOS DE ADMINISTRAÇÃO E DE CONTROLE INTERNO — Art. 50 ao 54
CAPÍTULO VII	— DOS RECURSOS ADMINISTRATIVOS — Art. 55 e 56
CAPÍTULO VIII	— DA LIQUIDAÇÃO E DA EXTINÇÃO DE PLANOS DE BENEFÍCIOS — Art. 57 ao 58
CAPÍTULO IX	— DAS ALTERAÇÕES DO ESTATUTO — Art. 59 e 60
CAPÍTULO X	— DAS DISPOSIÇÕES GERAIS — Art. 61 ao 65

CAPÍTULO I

DA DENOMINAÇÃO, NATUREZA, INSTITUIDORA, SEDE, FORO, OBJETIVO E PRAZO DE DURAÇÃO

Art. 1º O Fundo de Pensão Multipatrocinado da Seccional de São Paulo da Ordem dos Advogados do Brasil e da CAASP — Caixa de Assistência dos Advogados de São Paulo, doravante denominado OABPrev-SP, é uma entidade fechada de previdência complementar, constituída sob a forma de sociedade de previdência complementar nos termos da Lei Complementar n. 109, de 29 de maio de 2001, e normas subseqüentes, sem fins lucrativos, com autonomia administrativa e personalidade jurídica de direito privado.

§ 1º São Instituidores Fundadores do OABPrev-SP, a Ordem dos Advogados do Brasil — OAB, Seccional de São Paulo e a Caixa de Assistência do Advogados de São Paulo — CAASP.

§ 2º Poderão ser Instituidores do OABPrev-SP, outras Seccionais da Ordem dos Advogados do Brasil e Caixas de Assistência de Advogados de todo território nacional.

§ 3º O OABPrev-SP tem sede e foro na cidade de São Paulo, na Rua Benjamin Constant, n.72 — 7º andar, Capital de São Paulo, podendo manter escritórios, agentes ou representações locais e regionais em qualquer parte do território nacional.

Art. 2º O OABPrev-SP tem por objetivo executar e administrar planos de benefícios de natureza previdenciária, constituídos por Instituidores, mediante contribuição de Participantes, de Empregadores ou de ambos, de acordo com os regulamentos, que integrarão o presente Estatuto, e com as leis aplicáveis.

§ 1º O OABPrev-SP poderá promover outros programas previdenciais, em caráter facultativo, mediante contribuição específica dos membros interessados, respeitada a legislação vigente.

§ 2º Nenhum benefício ou serviço poderá ser criado ou majorado sem que, em contrapartida, seja previamente estabelecida a respectiva receita de cobertura.

§ 3º O OABPrev-SP poderá estabelecer acordos, contratos ou convênios com entidades de direito público ou privado, objetivando o melhor cumprimento de suas finalidades, mediante aprovação prévia da maioria dos membros da Diretoria Executiva, do Conselho Deliberativo e do órgão público competente.

Art. 3º O OABPrev-SP, observada a legislação pertinente, reger-se-á por este Estatuto, pelo seu regimento interno bem como pelos regulamentos relativos aos seus planos de benefícios, instruções e demais atos que forem aprovados pelos órgãos competentes de sua administração, respeitados os dispositivos legais, regulamentares ou normativos emanados do poder público.

Art. 4º O prazo de duração do OABPrev-SP é indeterminado e sua natureza não poderá ser alterada, nem suprimidos seus objetivos primordiais.

§ 1º O OABPrev-SP extinguir-se-á nos casos previstos em lei, com a distribuição do patrimônio aos seus Participantes, na proporção dos fundos individualmente constituídos para garantia dos compromissos do OABPrev-SP.

§ 2º Em caso de extinção do OABPrev-SP, será vedada a entrega de qualquer parcela do patrimônio do(s) Plano(s) aos Instituidores.

Art. 5º O patrimônio do(s) plano(s) administrado(s) pelo OABPrev-SP é autônomo, livre e desvinculado de qualquer outro órgão ou entidade.

CAPÍTULO II
DO QUADRO SOCIAL

Art. 6º O quadro social do OABPrev-SP será composto pelos seguintes membros:

I — Instituidores Fundadores;

II — Instituidores;

III — Participantes; e

IV — Assistidos.

Art. 7º São Instituidores:

I — A Ordem dos Advogados do Brasil — OAB, Seccional de São Paulo e a Caixa de Assistência do Advogados de São Paulo — CAASP, na qualidade de Instituidores Fundadores; e

II — Outras Seccionais da Ordem dos Advogados do Brasil e Caixas de Assistência de Advogados de todo território nacional.

Parágrafo Único. A condição de Instituidor dar-se-á mediante celebração de Convênio de Adesão com a OABPrev-SP.

Art. 8º São Participantes da OABPrev aqueles devidamente inscritos nos planos de benefícios por ela administrados, observadas as condições estabelecidas neste Estatuto e nos respectivos regulamentos:

I — a pessoa física associada ou membro dos Instituidores;

II — aquele que, antes de se aposentar tenha perdido a condição de associado do Instituidor, mas permaneça como Participante nos termos e condições fixadas no regulamento do plano de benefícios.

Parágrafo único. A inscrição ou o desligamento de Participante deverá cumprir as condições estabelecidas no regulamento do respectivo plano de benefícios.

Art.9º São Assistidos: os Participantes ou seus Beneficiários em gozo de benefício de prestação continuada.

Art. 10. São Beneficiários: as pessoas físicas indicadas pelos Participantes nos termos do regulamento do plano de benefícios a que estejam vinculados.

Parágrafo único. O cancelamento de inscrição de beneficiário do Participante no plano de benefícios dar-se-á na forma estabelecida pelo regulamento.

Art. 11. A Admissão e a retirada **dos Instituidores** referidos **nos incisos I e II** do art. 7º será precedida de aprovação por parte do Conselho Deliberativo, condicionada à aprovação da autoridade pública competente.

Parágrafo único. A retirada dos Instituidores está condicionada à manifestação prévia do Conselho Auditor Federal.

Art. 12. As condições de admissão e retirada de qualquer Instituidor deverão ser estabelecidas em convênio de adesão, de acordo com a legislação vigente aplicável, cuja celebração ou rescisão deverá ser submetida à aprovação da autoridade competente.

Art. 13. Os Instituidores, bem como os demais membros referidos no Art. 6º deste capítulo, não respondem subsidiária ou solidariamente pelas obrigações contraídas pelo OABPrev-SP.

CAPÍTULO III
DOS BENEFÍCIOS

Art. 14. Os benefícios a serem assegurados terão seus valores, formas de concessão e de custeio estabelecidos no(s) regulamento(s) do(s) plano(s) de benefícios administrado(s) pelo OABPrev-SP, bem como os direitos e obrigações dos Participantes e dos Beneficiários, no que diz respeito aos Institutos, Benefícios e Contribuições.

Art. 15. Os Instituidores poderão aderir ao plano de benefícios do OABPrev-SP ou instituir novos planos de benefícios e de custeio específicos para seus associados observadas as normas legais e estatutárias pertinentes.

Parágrafo único. Benefícios adicionais poderão ser definidos com os Instituidores e incorporados ao plano de benefícios e de custeio, desde que aprovados pelo Conselho Deliberativo do OABPrev-SP e pelo órgão governamental competente.

Art. 16. Os Benefícios previstos no(s) regulamento(s) do(s) plano(s) de benefícios salvo quanto aos descontos autorizados por lei ou derivados da obrigação de prestar alimentos, reconhecida por decisão judicial, não podem ser objeto de penhora, arresto ou seqüestro ou quaisquer outras constrições, sendo nula, de pleno direto, qualquer venda, cessão e constituição de quaisquer ônus, sobre os referidos benefícios.

CAPÍTULO IV
DOS ATIVOS GARANTIDORES

Art. 17. Os ativos garantidores do(s) plano(s) de benefícios administrado(s) pelo OABPrev-SP formam um patrimônio autônomo, livre e desvinculado de qualquer outro órgão, entidade ou empresa, inclusive dos Instituidores e dos gestores dos recursos garantidores das reservas técnicas, fundos e provisões, e é constituído por:

I — dotações, doações, subvenções, legados, rendas, contribuições, transferências de recursos e incentivos de qualquer natureza que venham a ser feitos, concedidos ou instituídos por pessoas físicas ou jurídicas, nacionais ou estrangeiras, de direito público ou privado;

II — contribuições dos Participantes, inclusive Assistidos, quando houver, nos termos e condições previstas nos regulamentos dos planos de benefícios;

III — contribuições dos Empregadores, nos termos e condições previstas nos regulamentos dos planos de benefícios;

IV — bens móveis ou imóveis e as receitas de aplicações desses bens e de seus recursos; e

V — rendas financeiras decorrentes das aplicações dos recursos patrimoniais garantidores do(s) plano(s) de benefícios.

§ 1º Os ativos garantidores de cada plano de benefícios são independentes e não têm comunicabilidade com os demais.

§ 2º As contribuições dos Empregadores, previstas no inciso III do caput deste artigo, em favor dos seus empregados, vinculados a planos de benefícios constituídos por Instituidor, serão efetuadas por meio de instrumento contratual específico.

Art. 18. O OABPrev-SP aplicará os ativos garantidores de cada plano em conformidade com a legislação pertinente, com as diretrizes fixadas pelos órgãos governamentais competentes e com as políticas aprovadas pelo Conselho Deliberativo, buscando rentabilidade compatível com os imperativos atuariais do plano de custeio, observando os requisitos de segurança, rentabilidade e liquidez.

Art.19. Os ativos administrados pelo OABPrev-SP não poderão, em caso algum, ter aplicação que não esteja em consonância com os objetivos do OABPrev-SP estabelecidos neste Estatuto e deverão levar em consideração a modalidade dos planos de benefícios e as características de suas obrigações.

Art. 20. A aquisição, alienação e oneração de bens imóveis dependem de aprovação **do** Conselho Deliberativo.

CAPÍTULO V
DO EXERCÍCIO FINANCEIRO

Art. 21. O exercício social coincidirá com o ano civil e, ao seu término, deverá o OABPrev-SP elaborar e divulgar as demonstrações contábeis e as avaliações atuariais, conforme estabelecido na legislação e regulamentação vigente.

Art. 22. Dentro de 30 (trinta) dias, após a apresentação do orçamento-programa, o Conselho Deliberativo o discutirá e o aprovará.

Art. 23. Durante o exercício financeiro, por proposta da Diretoria Executiva, poderão ser autorizados pelo Conselho Deliberativo créditos adicionais, desde que os interesses do OABPrev-SP o exijam e existam recursos disponíveis ou previstos em orçamento.

Art. 24. Até 10 de fevereiro o relatório anual e os atos e contas da Diretoria Executiva serão submetidos à apreciação do Conselho Deliberativo, que sobre os mesmos deverá deliberar até o dia 28 de fevereiro.

Art. 25. O OABPrev-SP divulgará seu balanço, por meio de seu site na internet, encaminhando-o também ao Conselho Auditor Federal e aos Instituidores, no prazo de 02 (dois) dias subseqüentes ao de sua aprovação pelo Conselho Deliberativo.

CAPÍTULO VI
DOS ÓRGÃOS ESTATUTÁRIOS

Art. 26. São órgãos estatutários da Entidade:

I — De administração:

a) Conselho Deliberativo e

b) Diretoria Executiva;

II — De controle interno:

a) Conselho Fiscal;

III — De fiscalização e Assessoramento:

a) Conselho Auditor Federal.

Seção I
DO CONSELHO DELIBERATIVO

Art. 27. O Conselho Deliberativo é órgão de deliberação superior da OABPrev-SP e será composto por até 07 (sete) membros efetivos com respectivos suplentes, com a seguinte distribuição:

I — 02 (dois) membros efetivos e respectivos suplentes, indicados pela Ordem dos Advogados do Brasil — OAB, Seccional de São Paulo.

II — 02 (dois) membros efetivos e respectivos suplentes, indicados pela Caixa de Assistência dos Advogados de São Paulo — CAASP.

III — 02 (dois) membros efetivos e respectivos suplentes, eleitos por e dentre os participantes e assistidos, mediante processo de votação direta, cuja regulamentação compete ao Conselho Deliberativo.

IV — 01 (um) membro efetivo e respectivo suplente indicado pelos Instituidores.

§ 1º — A forma de provimento dos assentos destinados aos representantes dos Instituidores de que trata o inciso II do art. 7º será definida pelo Conselho Deliberativo de acordo com o número de participantes e assistidos a eles vinculados, bem como o montante de seus respectivos patrimônios.

§ 2º As vagas destinadas aos representantes dos participantes e assistidos de que trata o inciso III deste artigo, serão preenchidas da seguinte forma:

I — 01 (uma) vaga pelo representante dos Participantes que obtiver o maior número de votos; e

II — 01 (uma) vaga pelo representante dos Assistidos que obtiver o maior número de votos.

§ 3º Alternadamente, a cada mandato, a Ordem dos Advogados do Brasil — OAB, Seccional de São Paulo e a Caixa de Assistência do Advogados de São Paulo — CAASP, indicarão, dentre os membros do Conselho Deliberativo, o presidente e o seu vice.

§ 4º Quando um dos Instituidores Fundadores indicar o presidente ou outro indicará seu vice.

§ 5º Em caso de ausência, em reunião, do presidente do Conselho Deliberativo, assumirá a presidência o vice-presidente, com voto de qualidade.

§ 6º Em caso de impedimento ou vacância do cargo de presidente assumirá o vice-presidente, até o final de seu mandato.

§ 7º Em não havendo assistidos ou candidatos destes para o cargo, a vaga de que trata o inciso II do § 2º será preenchida pelo segundo representante mais votado dentre os Participantes.

Art. 28. O Conselho Deliberativo reunir-se-á ordinariamente a cada trinta dias e, extraordinariamente, mediante convocação de seu Presidente.

§ 1º O Conselho Deliberativo deliberará por maioria de votos, com a presença de, no mínimo, 05 (cinco) dos seus membros titulares ou respectivos suplentes, cabendo ao seu Presidente, além do voto ordinário, o de qualidade.

§ 2º Não atingido o quorum mínimo previsto no parágrafo anterior, será convocada nova reunião, que se realizará no prazo de 05 (cinco) dias, contado da convocação, e se instalará com a presença de no mínimo metade dos membros do Conselho Deliberativo.

§ 3º A convocação do Conselho Deliberativo será feita por carta, telegrama, telefax ou e-mail, sempre com a confirmação de recebimento e com a indicação da pauta da reunião, com antecedência mínima de 07 (sete) dias, salvo o disposto no § 2º deste artigo.

§ 4º O Diretor Presidente da Diretoria Executiva deverá participar das reuniões do Conselho Deliberativo, sem direito a voto, sendo-lhe assegurado o direito à voz antes das votações.

Art. 29. Na ausência justificada de quaisquer dos membros do Conselho Deliberativo, estes serão substituídos pelos seus respectivos suplentes.

§ 1º A ausência injustificada de qualquer membro do Conselho Deliberativo por 02 (duas) reuniões, seguidas ou alternadas, acarretará a este a perda do mandato do conselheiro e a automática assunção do respectivo conselheiro suplente, até seu término.

§ 2º Excetuam-se do disposto no parágrafo anterior os conselheiros que ocuparem o cargo de presidente e vice-presidente.

Art. 30. Embora findo o mandato, o membro do Conselho Deliberativo permanecerá em pleno exercício do cargo até a posse do substituto, que se dará num prazo máximo de 45 (quarenta e cinco) dias.

Art. 31. Os membros do Conselho Deliberativo não serão remunerados a qualquer título pelo OABPrev-SP.

Art. 32. Compete ao Conselho Deliberativo deliberar sobre as seguintes matérias:

I — política geral de administração da Entidade e de seus planos de benefícios;

II — alterações do Estatuto;

III — alterações dos regulamentos dos planos de benefícios, bem como sua implantação e extinção;

IV — admissão e retirada de Instituidor;

V — regimento Interno do Conselho Deliberativo, do Conselho Fiscal e da Diretoria Executiva;

VI— plano de custeio anual dos planos de benefícios administrados e da Entidade, política de investimentos e programações econômico-financeiros e orçamentários;

VII — nomeação e destituição dos membros da Diretoria Executiva, na forma estabelecida neste Estatuto;

VIII — aquisição, alienação ou gravame de bens integrantes do patrimônio imobiliário do(s) plano(s) administrado(s) pela Entidade;

IX — exame, em grau de recurso, das decisões da Diretoria Executiva;

X — aceitação de doações e legados, com encargos, que resultem em compromisso econômico-financeiro para a Entidade;

XI — aceitação de bens com cláusula condicional;

XII — matérias que lhe forem submetidas pela Diretoria Executiva e pelo Conselho Fiscal;

XIII — orçamento, balancetes, balanço e prestação de contas anuais da Entidade, após manifestação dos auditores independentes e do Conselho Fiscal;

XIV — instalação de auditoria interna e aprovação dos planos de auditoria anual e correspondentes relatórios, ordinários e extraordinários;

XV — realização de eleições para os cargos de Conselheiros dos Conselhos Deliberativo e Fiscal, estabelecendo as regras para tanto;

XVI — instauração de processo administrativo e disciplinar no âmbito do Conselho Deliberativo, da Diretoria Executiva ou do Conselho Fiscal, na forma definida neste Estatuto; e

XVII — Os casos omissos deste Estatuto ou das normas da Entidade.

Seção II
DA DIRETORIA EXECUTIVA

Art. 33. A Diretoria Executiva é órgão de administração do OABPrev-SP, cabendo-lhe também gerir os planos de benefícios, os seus recursos e programas, em estrita observância das normas legais, deste Estatuto, do Regimento Interno e dos respectivos regulamentos, bem como das diretrizes e deliberações emanadas do Conselho Deliberativo.

§ 1º A Diretoria Executiva será composta de 03 (três) membros, indicados pelo Conselho Deliberativo, com duração de mandato prevista no inciso II do art. 51 deste Regulamento, sendo:

I — Diretor Presidente;

II — Diretor Administrativo e de Benefícios; e

III — Diretor Financeiro;

§ 2º A Diretoria Executiva, que atuará como órgão Colegiado, reunir-se-á ordinariamente a cada 15 (quinze) dias e, extraordinariamente, mediante convocação do Diretor Presidente ou por requerimento subscrito pelos outros diretores;

§ 3º A Diretoria Executiva deliberará por maioria de votos, com a presença de, no mínimo, 02 (dois) de seus membros.

§ 4º O Diretor Financeiro será o responsável pelas aplicações dos recursos da Entidade, o qual terá seu nome informado ao órgão regulador e fiscalizador.

§ 5º Os membros da Diretoria Executiva responderão solidariamente com o dirigente indicado na forma do parágrafo anterior pelos danos e prejuízos causados por ação ou omissão à Entidade para os quais tenham concorrido.

§ 6º O Diretor Financeiro substituirá o Diretor Presidente nos casos de ausência, impedimento ou vacância.

Art. 34. Além da prática dos atos regulares, normais e obrigatórios de administração, compete à Diretoria Executiva:

I — zelar pelo cumprimento das diretrizes básicas da Entidade e das resoluções baixadas pelo Conselho Deliberativo;

II — fazer divulgar o edital de convocação das eleições;

III — autorizar alterações orçamentárias de acordo com as diretrizes fixadas pelo Conselho Deliberativo;

IV — apresentar ao Conselho Deliberativo para aprovação:

a) os balancetes, balanço e demais demonstrações contábeis;

b) a prestação de contas anuais;

c) as avaliações atuariais dos planos de benefícios;

d) o orçamento anual da entidade;

e) as propostas de diretrizes básicas para aplicação dos ativos garantidores;

f) as propostas para organização e reforma da estrutura administrativa da entidade;

g) a proposta de adesão e a solicitação de retirada de Instituidores; e

h) a proposta de instituição de novos planos de benefícios.

V — deliberar sobre:

a) a escolha das instituições financeiras para administração dos ativos garantidores dos planos de benefícios;

b) a celebração de contratos, acordos e convênios que não importem na constituição de ônus reais sobre os bens da entidade;

c) a contratação de pessoas físicas ou jurídicas para prestação de serviços, em conformidade com a legislação vigente;

d) a contratação de auditor independente, atuário, observadas as disposições regulamentares aplicáveis;

e) o modelo e estrutura organizacional da Entidade, bem como o plano de cargos e salários e

f) a nomeação de representantes junto aos órgãos de administração e fiscalização de empresas em que a Entidade tiver participação acionária, referendada pelo Conselho Deliberativo.

VI — orientar e acompanhar a execução das atividades técnicas e administrativas baixando os atos necessários;

VII — fornecer aos Conselhos Deliberativo, Fiscal e Auditor Federal os meios e elementos necessários ao desempenho de suas atribuições e

VIII — outros assuntos da Entidade sobre os quais o Conselho Deliberativo deva se manifestar conforme o caso, por previsão legal, estatutária ou regulamentar.

Art. 35. Aos membros da Diretoria Executiva é vedado:

I — integrar o Conselho Deliberativo ou o Conselho Fiscal enquanto se mantiverem como membros da Diretoria Executiva ou, depois do término do mandato, enquanto não tiverem suas contas aprovadas.

II — ao longo do exercício do mandato prestar serviços, na condição de empregado, inclusive estatutário, a instituições integrantes do sistema financeiro.

Art. 36. Compete ao Diretor Presidente:

I — cumprir e fazer cumprir este Estatuto, as deliberações dos Conselhos Deliberativo, Fiscal e da Diretoria Executiva, os regulamentos dos planos de benefícios e outros atos regulamentares da Entidade, bem como as demais disposições legais aplicáveis às entidades fechadas de previdência complementar;

II — supervisionar e coordenar as funções executivas cometidas aos demais membros da Diretoria Executiva;

III — representar a Entidade ativa, passiva, judicial e extrajudicialmente, podendo nomear procuradores e prepostos, especificando, nos respectivos instrumentos, os atos e as operações que poderão praticar;

IV — representar a Entidade em convênios, contratos, acordos e demais documentos, firmando, em nome dela, os respectivos atos;

V — convocar e presidir as reuniões da Diretoria Executiva;

VI — contratar e dispensar empregados podendo delegar esta tarefa ao Diretor Administrativo e de Benefícios;

VII — solicitar ao Conselho Deliberativo, quando necessário, o exame de fatos ou situações em qualquer área de atividade da Entidade, dando ciência à Diretoria Executiva;

VIII — fazer divulgar, através de boletim informativo publicado no site na Internet, os atos e fatos de gestão;

IX — informar ao órgão regulador e fiscalizador da Entidade o responsável pelas aplicações dos recursos, na forma da lei, bem como ao Conselho Auditor Federal, respeitado o mesmo prazo legal;

X — fornecer às autoridades competentes as informações sobre a Entidade que lhe forem solicitadas.

Art. 37. Compete aos demais integrantes da Diretoria Executiva exercer as atribuições que lhes forem fixadas pelo Conselho Deliberativo, com observância do Estatuto, do regimento interno, dos regulamentos dos planos de benefícios, além de:

I — dirigir, orientar, coordenar, controlar e fiscalizar as áreas sob sua responsabilidade podendo determinar a realização de inspeções, auditagens, tomadas de conta, sindicâncias e inquéritos;

II — propor ao Diretor Presidente a designação e dispensa dos titulares das áreas sob seu controle;

III — apresentar, mensalmente, à Diretoria Executiva relatório de atos de gestão; e

IV — indicar seu substituto, nas suas ausências e impedimentos.

Art. 38. Os membros da Diretoria Executiva poderão ser remunerados pela Entidade, a critério do Conselho Deliberativo.

Seção III

DO CONSELHO FISCAL

Art. 39. O Conselho Fiscal é órgão de controle interno da OABPrev-SP, cabendo-lhe emitir pareceres acerca da gestão administrativa e econômico-financeira e será composto por 04 (quatro) membros efetivos com respectivos suplentes, com a seguinte distribuição:

I — 01 (um) membro efetivo e respectivo suplente, indicado pela Ordem dos Advogados do Brasil — OAB, Seccional de São Paulo.

II — 01 (um) membro efetivo e respectivo suplente, indicado pela Caixa de Assistência dos Advogados de São Paulo — CAASP.

III — 01 (um) membro efetivo com respectivo suplente, eleito por e dentre os participantes e assistidos, mediante processo de votação direta, cuja regulamentação compete ao Conselho Deliberativo.

IV — 01 (um) membro efetivo e respectivo suplente indicado pelos Instituidores.

§ 1º — A forma de provimento do assento destinado ao representante dos Instituidores de que trata o inciso IV será definida pelo Conselho Deliberativo, de acordo com o número de participantes e assistidos a eles vinculados, bem como o montante de seus respectivos patrimônios.

§ 2º — Alternadamente, a cada mandato, a Ordem dos Advogados do Brasil — OAB, Seccional de São Paulo e a Caixa de Assistência do Advogados de São Paulo — CAASP, indicarão, dentre os membros do Conselho Fiscal, o presidente e o seu vice.

§ 3º — Quando um dos Instituidores Fundadores indicar o presidente o outro indicará seu vice.

§ 4º — Em caso de ausência, em reunião, do presidente do Conselho Fiscal, assumirá a presidência o vice-presidente, com voto de qualidade.

§ 5º — Em caso de impedimento ou vacância do cargo de presidente assumirá o vice-presidente, até o final de seu mandato.

§ 6º — Compete aos membros do Conselho Fiscal examinar as matérias previstas no art. 48, referentes aos exercícios para os quais foram eleitos, mesmo que um novo conselheiro fiscal tenha sido empossado.

Art. 40. O Conselho Fiscal deverá reunir-se ordinariamente no 20º (vigésimo) dia útil de cada trimestre civil e, extraordinariamente, sempre que necessário, por convocação do seu presidente, da maioria de seus membros, do Conselho Deliberativo ou por solicitação da Diretoria Executiva.

§ 1º O Conselho Fiscal deliberará por maioria de votos de seus membros, cabendo ao conselheiro presidente, além do voto ordinário, o de qualidade.

§ 2º Não atingido quorum, será convocada nova reunião, que se realizará no prazo de 05 (cinco) dias, contado da convocação, que incluirá os suplentes e se instalará com a presença de pelo menos 02 (dois) dos membros do Conselho Fiscal.

§ 3º A convocação do Conselho Fiscal será feita por carta, telegrama, telefax ou e-mail, sempre com confirmação de recebimento e com a indicação da pauta da reunião, com antecedência mínima de 07 (sete) dias, salvo o disposto no § 2º deste artigo.

Art. 41. Na ausência de qualquer um dos membros do Conselho Fiscal, este será substituído pelo seu respectivo suplente.

§ 1º Em caso de ausência, em reunião, do presidente do Conselho Fiscal, assumirá a presidência o vice-presidente.

§ 2º A ausência injustificada por 03 (três) reuniões no mesmo exercício implicará a substituição do membro faltoso.

§ 3º Em impedimento e vacância do cargo de presidente do Conselho Fiscal assumirá o vice-presidente, cumprindo o mandato eletivo até o final deste.

§ 4º Aqueles que tiverem ocupado cargo de gestão na Diretoria Executiva ou Conselho Deliberativo da Entidade, somente serão elegíveis à condição de membro do Conselho Fiscal depois de decorrido o prazo de 30 (trinta) meses do fim do último mandato exercido nos referidos órgãos da Entidade.

Art. 42. Incumbe ao Conselho Fiscal:

I — examinar os balancetes mensais;

II — emitir parecer sobre o relatório anual de atividades da Entidade, bem como dos gestores dos ativos garantidores e sobre as demonstrações contábeis do exercício;

III — examinar os atos e resoluções praticadas pelos órgãos administrativos ou colegiados da Entidade;

IV — apontar eventuais irregularidades, sugerindo medidas saneadoras;

V — fiscalizar o cumprimento da legislação e normas em vigor; e

VI — outras incumbências legais.

Art. 43. Sem prejuízo das atribuições definidas neste Estatuto, o Conselho Fiscal emitirá relatórios de controles internos, pelo menos semestralmente, que contemplem, no mínimo:

I — as conclusões dos exames efetuados, inclusive sobre a aderência da gestão dos recursos garantidores dos planos de benefícios às normas em vigor e à política de investimentos, a aderência das premissas e hipóteses atuariais e a execução orçamentária;

II — as recomendações a respeito de eventuais deficiências, com o estabelecimento de cronograma de saneamento das mesmas, quando for o caso;

III — análise de manifestação dos responsáveis pelas correspondentes áreas, a respeito das deficiências encontradas em verificações anteriores, bem como análise das medidas efetivamente adotadas para saná-las.

Parágrafo único. As conclusões, recomendações, análises e manifestações referidas nos incisos I, II e III do caput deste artigo:

I — devem ser levadas em tempo hábil ao conhecimento do Conselho Deliberativo, a quem caberá decidir sobre as providências que eventualmente devam ser adotadas;

II — devem permanecer, à disposição da Secretaria de Previdência Complementar, pelo prazo mínimo de cinco anos.

Art. 44. No desempenho de suas atribuições, poderá o Conselho Fiscal, por deliberação unânime de seus membros, determinar à Diretoria Executiva a contratação de auditoria externa para subsidiá-lo na análise de atos ou resoluções adotados na administração de seus planos de benefícios e seus recursos garantidores, observando-se a disponibilidade financeira da Entidade.

Art. 45. Os membros do Conselho Fiscal não serão remunerados a qualquer título pela Entidade.

Seção IV
DO CONSELHO AUDITOR FEDERAL

Art. 46. O Conselho Auditor Federal é o órgão de fiscalização e assessoramento do OABPrev-SP, cujo objetivo é verificar e acompanhar sua gestão.

§ 1º O Conselho Auditor Federal compor-se-á de 06 (seis) membros titulares e 03 (três) suplentes indicados pelo Presidente do Conselho Federal da Ordem dos Advogados do Brasil — OAB.

§ 2º Por eleição, o Pleno do Conselho Federal da Ordem dos Advogados do Brasil elegerá, dentre os membros titulares indicados, o presidente, o vice-presidente e o secretário.

§ 3º Em caso de ausência, em reunião, do presidente do Conselho Auditor Federal, assumirá a presidência o vice-presidente.

§ 4º Em impedimento e vacância do cargo de presidente do Conselho Auditor Federal assumirá o vice-presidente, cumprindo o mandato eletivo até o final deste.

§ 5º Na hipótese do previsto no § 4º deste artigo assumirá a vaga do conselheiro o suplente.

§ 6º Os membros do Conselho Auditor Federal não serão remunerados a qualquer título.

Art. 47. Compete ao Conselho Auditor Federal:

I — emitir parecer sobre as matérias previstas nos itens I, II, III, IV, XIII, XIV, XV, XVI, do art. 32 e sobre a matéria da alínea f do inciso IV do art. 34;

II — emitir parecer sobre as matérias previstas nos arts. 58 e 59 do presente Estatuto;

III — acompanhar a execução da política geral de investimentos e programações econômico-financeiras e orçamentárias;

IV — acompanhar a rentabilidade das aplicações financeiras e imobiliárias;

V — emitir parecer a respeito de qualquer assunto considerado relevante para a Entidade.

Art. 48. O Conselho Auditor Federal reunir-se-á, em Reunião Geral Ordinária, no último dia útil de cada bimestre do ano civil para exame das matérias previstas no art. 47 e, extraordinariamente, para exame de qualquer assunto considerado relevante por este Conselho e pelo Conselho Deliberativo.

Art. 49. As reuniões do Conselho Auditor Federal serão convocadas e presididas pelo seu presidente ou por solicitação do presidente do Conselho Deliberativo, sendo sempre convocado o presidente da Diretoria Executiva, a quem será assegurado o direito de voz.

Art. 50. As convocações das reuniões ordinárias serão feitas com antecedência mínima de 15 (quinze) dias e das extraordinárias com antecedência mínima de 08 (oito) dias, mediante convocação individual por escrito, na mesma forma prevista no §3º do art. 28 deste Estatuto.

Seção V
DO REGIME DO EXERCÍCIO DO MANDATO DE MEMBROS DOS ÓRGÃOS DE ADMINISTRAÇÃO, FISCALIZAÇÃO E DE CONTROLE INTERNO

Art. 51. São requisitos mínimos para o exercício de mandato de membro dos Órgãos de Administração, de Controle Interno e de Fiscalização e Assessoramento, além de outros previstos neste Estatuto:

I — comprovada experiência no exercício de atividades nas áreas financeiras, administrativa, contábil, jurídica, de fiscalização ou de auditoria;

II — não ter sofrido condenação criminal transitada em julgado; e

III — não ter sofrido penalidade administrativa por infração da legislação da seguridade social ou como servidor público.

§1º — Os membros da Diretoria Executiva deverão ter formação de nível superior e atender aos requisitos dos incisos I, II e III deste artigo, observada a legislação vigente aplicável.

§ 2º — Os membros da Diretoria Executiva, Conselho Deliberativo e Conselho Fiscal deverão ser participantes dos planos de benefícios administrados pela OABPrev-SP.

Art. 52. O mandato dos membros dos órgãos de administração, controle interno e de fiscalização e assessoramento da Entidade terá a seguinte duração:

I — Conselho Deliberativo: 03 (três) anos, contados da posse por eleição ou indicação, sendo permitida uma recondução;

II — Diretoria Executiva: 03 (três) anos, contados da posse, sendo permitida uma recondução;

III — Conselho Fiscal: 03 (três) anos, contados da posse por eleição ou indicação, sendo permitida uma recondução; e

IV — Conselho Auditor Federal: 03 (três) anos, contados da posse do presidente do Conselho Federal da Ordem dos advogados do Brasil, sendo permitida uma recondução ao cargo.

§1º — A renovação do mandato dos conselheiros deverá obedecer ao critério de proporcionalidade, de forma que se processe parcialmente a cada três anos.

I — na primeira investidura do Conselho seus membros terão mandato com prazo diferenciado;

II — o Conselho Deliberativo deverá renovar 02 (dois) dos seus membros a cada 03 (três) anos e o Conselho Fiscal, 01 (um) membro com a mesma periodicidade.

§ 2º A renovação dos mandatos do Conselho Deliberativo, Conselho Fiscal e Diretoria Executiva nunca coincidirá com o primeiro ano ou o último de gestão da diretoria da OAB/SP e da diretora da CAASP.

Art. 53. Os membros dos Conselhos Deliberativo e Fiscal somente perderão o mandato em virtude de:

I — renúncia;

II — perda da qualidade de Participante ou assistido;

III — condenação judicial transitada em julgado ou punição em processo administrativo disciplinar instaurado pelo Conselho Deliberativo;

IV — penalidade administrativa de inabilitação por infração da legislação aplicável; ou

V — situações previstas no § 1º do art. 29.

Art. 54. No caso de ser considerado vago o cargo de conselheiro, este será preenchido pelo prazo remanescente pelos respectivos suplentes.

Art. 55. A instauração, pelo Conselho Deliberativo, de processo administrativo disciplinar para apuração de irregularidades no seu âmbito da atuação do Conselho Fiscal ou da Diretoria Executiva, implicará o afastamento do conselheiro ou diretor até conclusão dos trabalhos.

§ 1º — Durante o afastamento do conselheiro ou do diretor, o suplente ou substituto responderá pelas respectivas atribuições.

§ 2º — O encerramento dos trabalhos dar-se-á no prazo máximo de trinta dias, admitida apenas uma prorrogação justificada, por igual período.

§ 3º — Para os conselheiros eleitos ou indicados, o período de afastamento previsto no caput não ensejará a prorrogação ou permanência no cargo além da data inicialmente prevista para término dos seus mandatos.

CAPÍTULO VII

DOS RECURSOS ADMINISTRATIVOS

Art. 56. Das decisões da Diretoria Executiva caberá recurso ao Conselho Deliberativo no prazo de 30 (trinta) dias, contados a partir da data da notificação escrita da decisão proferida.

Parágrafo único. O Presidente do Conselho Deliberativo poderá receber o recurso, com efeito suspensivo, sempre que houver risco de conseqüências graves para a Entidade ou para o recorrente.

Art. 57. O Conselho Deliberativo terá prazo de 45 (quarenta e cinco) dias para proferir decisão dos recursos impetrados conforme previsto no artigo antecedente.

CAPÍTULO VIII

DA LIQUIDAÇÃO E DA EXTINÇÃO DOS PLANOS DE BENEFÍCIOS

Art. 58. Mediante prévia aprovação do órgão fiscalizador, observados os casos previstos em lei e nos regulamentos específicos, quaisquer dos planos de benefícios administrados pela Entidade poderão ser liquidados e extintos por resolução do Conselho Deliberativo.

§ 1º Aprovada a liquidação do plano de benefício administrado pela Entidade e observada a legislação em vigor, os ativos garantidores correspondentes serão distribuídos consoante o disposto nos regulamentos específicos e na legislação vigente aplicável.

§ 2º Encontrando-se o plano de benefícios em difícil situação econômico-financeira a Entidade, através de sua Diretoria Executiva, submeterá ao Conselho Deliberativo, aos Instituidores e à aprovação do órgão fiscalizador, plano de recuperação para o atendimento daquela situação, de modo a resguardar sua segurança e o seu bom funcionamento.

§ 3º O Conselho Deliberativo, antes de deliberar sobre a matéria referida no parágrafo anterior, a submeterá ao Conselho Auditor Federal para sua manifestação.

Art. 59. Os casos omissos neste Estatuto, referentes à extinção do(s) plano(s) de benefício(s) administrado(s) pela Entidade, ou na hipótese de conflito com as disposições deste capítulo, serão solucionados, alternativa e sucessivamente, pela prevalência da legislação aplicável, da decisão do órgão fiscalizador, das disposições pertinentes constantes do regulamento dos planos de benefícios aos quais o Instituidor e o Patrocinador tiverem aderido ou das estipulações pertinentes constantes do respectivo convênio de adesão.

CAPÍTULO IX

DAS ALTERAÇÕES DO ESTATUTO

Art. 60. Este Estatuto só poderá ser alterado por deliberação unânime dos membros do Conselho Deliberativo, ouvido o Conselho Auditor Federal, sujeito à aprovação do órgão fiscalizador, observada a legislação aplicável.

Art. 61. As alterações do Estatuto da Entidade, não poderão contrariar seus objetivos.

CAPÍTULO X

DAS DISPOSIÇÕES GERAIS E TRANSITÓRIAS

Art. 62. O direito aos benefícios não prescreverá, mas prescreve em 05 (cinco) anos o direito às prestações não pagas nem reclamadas na época própria, resguardados os direitos dos menores dependentes, dos incapazes ou dos ausentes, na forma do Código Civil.

Parágrafo único. O ajuste do valor das prestações de que trata o caput obedecerá a forma disposta nos regulamentos dos Planos de Benefícios.

Art. 63. Os membros dos órgãos de controle interno, fiscalização e administração da Entidade, assim como os demais integrantes do quadro de pessoal, não poderão efetuar operações de qualquer natureza com a Entidade, excetuadas as que resultarem da qualidade de Participante.

Art. 64. Ao assumir e ao deixar o cargo, Conselheiros e Diretores da Entidade deverão apresentar declaração de bens, revestidas das formalidades legais, inclusive a Declaração ao Imposto de Renda do último exercício.

Art. 65. O primeiro mandato do Conselho Deliberativo e Conselho Fiscal do OABPrev-SP será de 30 (trinta) meses e seus membros efetivos e suplentes serão indicados pelos Instituidores Fundadores.

Parágrafo único. Findo o primeiro mandato, as vagas serão preenchidas de conformidade com os arts. 27 e 39 deste Estatuto, no prazo máximo de 30 (trinta) dias.

Art. 66. O presente estatuto entrará em vigor na data da publicação do ato oficial do competente órgão público que o aprovar.

REGULAMENTO DO PLANO DE BENEFÍCIOS PREVIDENCIÁRIOS DO ADVOGADO

Fundo de Pensão Multipatrocinado da Seccional de São Paulo da Ordem dos Advogados do Brasil e da CAASP — Caixa de Assistência dos Advogados de São Paulo — OABprev-SP

ÍNDICE

Capítulo I — DO OBJETIVO
Capítulo II — DAS DEFINIÇÕES
Capítulo III — DOS PARTICIPANTES E BENEFICIÁRIOS 08
Capítulo IV — DO PLANO DE CUSTEIO
Capítulo V — DA PARCELA ADICIONAL DE RISCO
Capítulo VI — DAS CONTAS DO PLANO
Capítulo VII — DOS BENEFÍCIOS E SUAS CARACTERÍSTICAS
Capítulo VIII — DOS INSTITUTOS
Capítulo IX — DO EXTRATO, TERMO DE OPÇÃO E TERMO DE PORTABILIDADE
Capítulo X — DAS ALTERAÇÕES DO PLANO
Capítulo XI — DAS DISPOSIÇÕES GERAIS
Capítulo XII — DAS DISPOSIÇÕES TRANSITÓRIAS

CAPÍTULO I

DO OBJETO

Art. 1º — Este Regulamento estabelece os direitos e as obrigações dos Instituidores, dos Participantes, dos Beneficiários e do Fundo de Pensão Multipatrocinado da Seccional de São Paulo da Ordem dos Advogados do Brasil e da CAASP — Caixa de Assistência dos Advogados de São Paulo, OABPrev-SP, em relação ao Plano de Benefícios Previdenciários do Advogado — PREVER, instituído na modalidade de contribuição definida pela Ordem dos Advogados do Brasil — OAB, Seccional de São Paulo e pela Caixa de Assistência dos Advogados de São Paulo — CAASP.

Parágrafo único — A inscrição do participante e seus respectivos beneficiários neste Plano de Benefícios, e a manutenção desta qualidade, são pressupostos indispensáveis para a percepção de quaisquer dos benefícios previstos neste Regulamento.

CAPÍTULO II

DAS DEFINIÇÕES

Art. 2º — Para efeito deste regulamento entende-se por:

I — BENEFICIÁRIO: as pessoas indicadas pelo participante, para receber benefício previsto no Regulamento, em decorrência do seu falecimento.

II — BENEFÍCIO MÍNIMO MENSAL DE REFERÊNCIA: valor mínimo mensal que servirá como base para pagamento de benefício.

III — BENEFÍCIO PREVIDENCIÁRIO PROGRAMADO: benefício concedido ao participante quando preenchidas todas as condições de elegibilidade.

IV — BENEFÍCIO PROPORCIONAL DIFERIDO: instituto que faculta ao participante, em razão da cessação do vínculo associativo com o instituidor, optar por receber em tempo futuro, benefício de renda programada, calculado de acordo com as normas do plano de benefícios.

V — CONTRIBUIÇÃO BÁSICA: contribuição mensal obrigatória realizada pelo participante.

VI — CONTA BENEFÍCIO: conta individual do Participante ou de seu Beneficiário criada no ato da concessão do benefício, que receberá os recursos da Conta Participante e da Parcela Adicional de Risco e que servirá de base para cálculo dos Benefícios Previdenciários previstos no Plano.

VII — CONTA PARTICIPANTE: saldo individualizado que servirá de base para o cálculo do benefício, sendo composto pelas Contribuições Básica e Eventual, Transferência por Portabilidade e pela Parcela Adicional de Risco.

VIII — CONTRIBUIÇÃO EVENTUAL: contribuição esporádica realizada pelo participante ou pelo empregador.

IX — CONTRIBUIÇÃO DE RISCO: contribuição previdenciária mensal realizada pelo Participante, destinada a contratação, pela OABPrev-SP, da Parcela Adicional de Risco junto à sociedade seguradora autorizada a funcionar no País.

X — DATA DE CÁLCULO: data que servirá de base para realização do cálculo do benefício.

XI — ELEGIBILIDADE: condição fixada no regulamento do plano de benefícios para que o participante exerça o direito a um dos institutos ou benefícios previstos.

XII — EXTRATO DO PARTICIPANTE: documento a ser disponibilizado, periodicamente, pela entidade, registrando as movimentações financeiras bem como o saldo da Conta Participante.

XIII — INSTITUIDOR: pessoa jurídica de caráter profissional, classista ou setorial que institui plano de benefícios para seus associados e membros.

XIV — PARTICIPANTE: pessoa física associado ou membro do Instituidor, inscrita no Plano de Benefícios.

XV — PARTICIPANTE ASSISTIDO: participante que esteja em gozo de benefício garantido por este plano.

XVI — PARTICIPANTE ATIVO: participante que não esteja em gozo de benefício garantido por este plano.

XVII — PARTICIPANTE LICENCIADO: o Participante Ativo que se encontra com suas contribuições básicas suspensas temporariamente, na forma deste Regulamento.

XVIII — PARTICIPANTE REMIDO: participante ativo que optar pelo Instituto do Benefício Proporcional Diferido, após a cessação do vínculo com o Instituidor.

XIX — PARTICIPANTE VINCULADO: participante ativo que mantém suas contribuições para o Plano de Benefícios após a cessação do vínculo com o Instituidor.

XX — PORTABILIDADE: instituto que faculta ao participante, nos termos da legislação aplicável, portar os recursos financeiros correspondentes ao saldo da Conta Participante, para outro plano de previdência complementar.

XXI — REGULAMENTO: documento que estabelece as disposições do plano de benefícios, disciplinando, entre outras coisas, as condições de ingresso e saída de participante, elenco de benefícios a serem oferecidos, com suas respectivas condições de elegibilidade e forma de pagamento.

XXII — RENDA MENSAL POR PRAZO DETERMINADO: valor pago mensalmente aos Participantes ou Beneficiários, calculado com base no saldo de Conta Benefício e prazo de recebimento escolhido.

XXIII — RENDA MENSAL POR PRAZO INDETERMINADO: valor pago mensalmente, aos Participantes ou Beneficiários, calculado com base no saldo de Conta Benefício e na expectativa de média de vida do Participante ou Beneficiário.

XXIV — RESGATE: instituto que prevê o recebimento do saldo da Conta Participante, na forma do regulamento, quando do desligamento do plano de benefícios.

XXV — SUBCONTA PORTABILIDADE: conta formada pelos valores transferidos de outros Planos de Benefícios, que integrarão a Conta Participante.

XXVI — TERMO DE OPÇÃO: documento pelo qual o participante fará a opção por um dos institutos previstos no plano de benefícios (Resgate, Portabilidade ou Benefício Proporcional Diferido).

CAPÍTULO III

DOS PARTICIPANTES E BENEFICIÁRIOS

Seção I

DO INGRESSO DO PARTICIPANTE

Art. 3º — O pedido de inscrição como Participante do Plano de Benefícios poderá ser efetuado pelo interessado que for associado do Instituidor, pela manifestação formal de vontade, mediante proposta de inscrição fornecida pelo OABPrev-SP, devidamente instruída com os documentos por ela exigidos.

Parágrafo Único: Na ocasião de sua inscrição no plano o Participante indicará a idade na qual será elegível à Aposentadoria Programada, a qual somente poderá ser modificada desde que faltem mais de 12 (doze) meses para que adquira as condições de elegibilidade ao benefício.

Art. 4º — O Participante deverá, no ato de inscrição, preencher os formulários, nos quais indicará os seus respectivos beneficiários e autorizará a cobrança das contribuições de que trata este Regulamento, mediante débito em conta corrente, boleto bancário ou desconto em folha de pagamento.

Art. 5º — O Participante é obrigado a comunicar ao OABPrev-SP qualquer modificação nas informações prestadas, dentro do prazo de trinta dias da sua ocorrência, inclusive àquelas relativas a seus beneficiários.

Seção II

DA PERDA DA QUALIDADE DE PARTICIPANTE

Art. 6º — Perderá a condição de Participante aquele que:

I — o requerer;

II — falecer;

III — ter recebido integralmente os valores dos benefícios previstos por este plano;

IV — exercer a portabilidade ou resgate nos termos dos arts. 40 e 44, deste Regulamento.

Parágrafo Único: O Participante que requerer o cancelamento da sua inscrição terá direito ao instituto do resgate previsto no art. 44, deste Regulamento.

Seção III
DOS BENEFICIÁRIOS

Art. 7º — O Participante poderá inscrever, para fins de recebimento do benefício de Pensão por Morte de Participante Ativo ou Assistido previsto no Plano, um ou mais Beneficiários.

§ 1º No caso de haver indicação de mais de um Beneficiário, o Participante deverá informar, por escrito, o percentual do saldo da Conta Benefício que caberá a cada um deles no rateio.

§ 2º Caso o Participante não informe o percentual que caberá a cada Beneficiário o saldo da Conta Benefício será rateado proporcionalmente entre o número de beneficiários indicados.

§ 3º O Participante poderá, a qualquer tempo, alterar a relação de Beneficiários e o percentual do saldo da Conta Benefício, mediante comunicação feita por escrito.

§ 4º Cancelada a inscrição do Participante, cessará, automaticamente, o direito dos seus respectivos Beneficiários ao recebimento de qualquer benefício previsto neste Regulamento, salvo se o cancelamento da inscrição se der pelo falecimento do Participante.

Seção IV
DA MANUTENÇÃO DA QUALIDADE DE PARTICIPANTE ATIVO

Art. 8º — O Participante Ativo que deixar de ser associado ou membro do Instituidor e, na data do término do vínculo, não tenha se tornado elegível ao recebimento de qualquer benefício ou optado pelos Institutos do Resgate ou da Portabilidade, poderá permanecer no Plano na condição de Participante Vinculado, caso continue efetuando normalmente suas contribuições, ou de Participante Remido, caso esteja elegível e opte pelo Instituto do Benefício Proporcional Diferido.

CAPÍTULO IV
DO PLANO DE CUSTEIO
Seção I
DAS CONTRIBUIÇÕES AO PLANO DE BENEFÍCIOS

Art. 9º — Os benefícios deste plano serão custeados por meio de aporte das seguintes contribuições:

I — Contribuição Básica;

II — Contribuição Eventual e

III — Contribuição de Risco.

Art. 10. A Contribuição Básica, de caráter mensal e obrigatório, será livremente escolhida e vertida pelo Participante, observado o valor mínimo de R$ 50,00 (cinqüenta reais).

Art. 11. O valor da Contribuição Básica deverá ser definido no dia de ingresso do Participante no Plano de Benefícios, podendo ser alterado quando o Participante entender conveniente.

Art. 12. A Contribuição Eventual, de caráter facultativo, vertida pelo Participante ou seu empregador será livremente escolhida e recolhida na mesma data da Contribuição Básica.

Parágrafo Único: A contribuição eventual, vertida pelo empregador para o plano de benefícios, será objeto de instrumento contratual específico, celebrado entre este e o OABPrev-SP.

Art. 13. Será assegurado ao Participante Ativo tornar-se Participante Licenciado, suspendendo, a qualquer momento, a Contribuição Básica, por um período de até 06 (seis) meses.

§ 1º O requerimento da suspensão, referida no caput, deverá ser formulado por escrito e entregue ao OABPrev-SP para deferimento, com pelo menos 15 (quinze) dias de antecedência da data estabelecida para recolhimento da Contribuição Básica.

§ 2º Novo pedido de suspensão somente poderá ser encaminhado após o pagamento de pelo menos 06 (seis) Contribuições Básicas.

§ 3º A suspensão da Contribuição Básica ao plano de benefícios pelo Participante não implica na correspondente suspensão de sua Contribuição de Risco, que poderá ser mantida para que o Participante não perca essa cobertura enquanto suspensa a Contribuição Básica.

§ 4º O Participante poderá autorizar, por escrito, que a Contribuição de Risco seja debitada do Saldo da Conta Participante durante o período em que estiver suspensa a sua Contribuição Básica ao Plano.

Art. 14. As contribuições Básica, Eventual e de Risco serão efetuadas até o 5° (quinto) dia útil do mês subseqüente ao período de referência, numa das formas previstas no art. 4° deste Regulamento.

Art. 15. A Contribuição de Risco destina-se a dar cobertura da Parcela Adicional de Risco contratada pelo OABPrev-SP, junto a uma sociedade seguradora, para cobertura de morte e invalidez permanente do Participante.

§ 1º O OABPrev-SP fará a cobrança das Contribuições de Risco dos Participantes e repassará à sociedade seguradora.

§ 2º O não pagamento da contribuição mensal até a data do vencimento acordado acarretará a automática suspensão da cobertura da Parcela Adicional de Risco, podendo o Participante reabilitar-se a cobertura no prazo máximo de 90 (noventa) dias, mediante quitação das contribuições em aberto.

§ 3º A Contribuição de Risco será revista, no dia 1º de junho de cada ano, em função da idade do Participante e da correção pelo INPC, da cobertura contratada.

Seção II

DO CUSTEIO DAS DESPESAS ADMINISTRATIVAS

Art. 16. As despesas administrativas, relativas a este Plano, serão custeadas pelos Participantes Ativos, Assistidos, Licenciados ou Remidos, bem como pelos Beneficiários, nos termos do plano de custeio aprovado pelo Conselho Deliberativo, observada a legislação vigente.

§ 1º O OABPrev-SP deve divulgar o valor destinado à cobertura da despesa administrativa que cabe ao participante, seja no ato da inscrição deste ao Plano de Benefícios, seja em face das alterações no plano de custeio.

§ 2º Os Participantes Ativos, à exceção dos Participantes Licenciados, verterão para o custeio das despesas administrativas parcela de suas Contribuições Básicas e Contribuições Eventuais, sendo o valor remanescente creditado na Conta Participante.

§ 3º Os Participantes Assistidos e os Beneficiários pagarão taxa de administração mensal, descontada do valor do benefício mensal que lhes for pago.

§ 4º Durante o prazo de suspensão da Contribuição Básica o OABPrev-SP poderá promover, mediante autorização por escrito do participante Licenciado ou Remido o desconto da Contribuição Administrativa da Conta Participante.

CAPÍTULO V
DA PARCELA ADICIONAL DE RISCO

Art. 17. A Parcela Adicional de Risco — PAR é destinada a complementar os Benefícios de Aposentadoria por Invalidez e de Pensão por Morte de Participante Ativo ou Assistido, previstos neste Regulamento.

Art. 18. Para fins de pagamento do capital correspondente à contribuição destinada ao custeio da Parcela Adicional de Risco estabelecida neste Capítulo, a OABPrev-SP contratará anualmente junto a uma sociedade seguradora autorizada a funcionar no País, a cobertura dos riscos atuariais decorrentes da concessão do benefício de Aposentadoria por Invalidez ou por Morte de Participante Ativo ou Assistido.

§ 1º O OABPrev-SP ao celebrar contrato com a sociedade seguradora nos termos da legislação vigente, assumirá, como contratante ou estipulante do capital segurado, a condição de representante legal dos Participantes e de seus Beneficiários.

§ 2º O valor do capital segurado previsto no caput deste artigo será livremente escolhido pelo Participante na data da sua contratação.

§ 3º O custeio da Parcela Adicional de Risco se dará pela Contribuição de Risco realizada pelo Participante e repassada pelo OABPrev-SP à sociedade seguradora contratada.

§ 4º A Contribuição de Risco, destinada ao custeio da Parcela Adicional de Risco, será revista e reajustada na forma prevista no § 3º do art. 15 deste Regulamento.

Art. 19. A data base para fins de contratação da Parcela Adicional de Risco será a data do efetivo ingresso dos Participantes no Plano de Benefícios Previdenciários do Advogado — PREVER.

Parágrafo Único: É facultada a contratação da parcela adicional de risco posterior à data de ingresso do Participante no Plano.

Art. 20. Na eventualidade da ocorrência de morte ou invalidez do Participante o capital a ser pago pela sociedade seguradora a OABPrev-SP, que dará plena e restrita quitação a contratada, será creditada na Conta Benefício, para fins de composição da Aposentadoria por Invalidez ou da Pensão por Morte de Participante Ativo ou Assistido.

Art. 21. O Participante que perder esta condição por um dos motivos previstos no art. 6º deste Regulamento, terá automaticamente cancelada a cobertura da Parcela Adicional de Risco contratada pelo OABPrev-SP junto à sociedade seguradora.

CAPÍTULO VI
DAS CONTAS DO PLANO

Art. 22. Para cada Participante será mantida uma conta individual, denominada Conta Participante, composta por recursos oriundos das Contribuições Básicas e Eventuais, pela Subconta Portabilidade e pela rentabilidade líquida auferida, deduzidos os valores destinados à cobertura das despesas administrativas do Plano.

Art. 23. Os valores referidos no caput do art. 22 serão transformados em Cotas na data do crédito na Conta Participante.

Art. 24. No ato da concessão dos benefícios previstos neste Regulamento será criada uma Conta Benefício, que receberá os recursos da Conta Participante e da Parcela Adicional de Risco, sendo o valor dos Benefícios Previdenciários previstos neste Plano calculado com base no saldo total desta conta.

Parágrafo Único: Os recursos da Conta Participante serão creditados na Conta Benefício pelo saldo total em cotas vigente na data do requerimento do benefício e a Parcela Adicional de Risco será depositada na referida conta, transformada também em cotas pelo valor da Cota do dia do crédito disponibilizado pela sociedade seguradora contratada.

Art. 25. O saldo da Conta Participante e da Conta Benefício será atualizado periodicamente pela variação da Cota.

CAPÍTULO VII
DOS BENEFÍCIOS E SUAS CARACTERÍSTICAS
Seção I
DO BENEFÍCIO

Art. 26. Este plano oferecerá os seguintes Benefícios Previdenciários:

I — Aposentadoria Programada;

II — Aposentadoria por Invalidez e

III — Pensão por Morte de Participante Ativo ou Assistido.

Parágrafo único: Será concedido ao Participante Assistido ou Beneficiário que tenha recebido no exercício um dos benefícios previstos no caput deste artigo, um abono anual de pagamento único, proporcional a 1/12 (um doze avos) por mês de recebimento, tendo por base os valores do mês de dezembro de cada ano, sendo pago até o dia 20 do referido mês.

Art. 27. O Participante Ativo tornar-se-á elegível ao Benefício de Aposentadoria Programada quando preencher, concomitantemente, as seguintes condições:

I — atingir a idade escolhida, conforme previsto no parágrafo único do art. 3º deste Regulamento e

II — possuir 24 (vinte e quatro) ou mais meses de vinculação a este Plano.

Art. 28. O benefício de Aposentadoria por Invalidez será devido no caso de invalidez total e permanente do participante, devidamente comprovada através de perícia médica indicada pelo OABPrev-SP ou pela sociedade seguradora contratada nos termos do art. 18 deste Regulamento.

Parágrafo único: A critério do OABPrev-SP ou da sociedade seguradora referida no caput deste artigo, poderá ser admitida a apresentação da carta de concessão do benefício da previdência social para que o Participante exerça o direito ao benefício de Aposentadoria por Invalidez.

Art. 29. Os Beneficiários indicados pelo Participante farão jus aos benefícios de Pensão por Morte de Participante Ativo ou Assistido no caso de falecimento do Participante.

§1º Na falta de Beneficiários o saldo da Conta Benefício, se houver, será pago aos herdeiros do Participante falecido, respeitada a ordem de vocação definida pelo Código Civil.

§2º No caso de falecimento de Beneficiário em gozo de benefício previsto no inciso III do art. 26, o saldo da Conta Benefício, se houver, será pago aos herdeiros do Beneficiário falecido, respeitada a ordem de vocação definida pelo Código Civil.

Art. 30. O valor dos benefícios oferecidos por este plano serão calculados com base no saldo total da Conta Benefício na data do requerimento e serão pagos na forma escolhida pelo Participante ou Beneficiário, nos termos dos arts. 31 e 32, respectivamente, deste Regulamento.

Seção II
DAS OPÇÕES DE PAGAMENTO DOS BENEFÍCIOS

Art. 31. O Participante Ativo elegível a benefício deste plano poderá optar pelas seguintes formas de pagamento:

I — renda mensal por prazo determinado, cujo prazo mínimo de recebimento não poderá ser inferior a 10 (dez) anos;

II — renda mensal por prazo indeterminado, calculada anualmente com base no saldo da Conta Benefício e sua expectativa média de vida.

§ 1º A opção pelo disposto no caput deste artigo deverá ser formulada pelo Participante Ativo, por escrito, na data do requerimento do respectivo benefício.

§ 2º A renda mensal prevista nos incisos I e II do caput deste artigo será recalculada, anualmente, no 1º (primeiro) dia de junho, com base no saldo remanescente da Conta Benefício e a opção escolhida na data do requerimento do benefício.

Art. 32. O Beneficiário, no caso de falecimento do Participante Ativo ou Assistido, poderá optar por uma das formas de pagamento previstas nos incisos I e II do art. 31.

Art. 33. Mediante opção expressa do Participante Ativo ou Beneficiário, poderá ser pago de uma só vez, na data da concessão do benefício, até 25% do saldo total da Conta Benefício.

Art. 34. Caso o valor de qualquer um dos benefícios previstos no caput do art. 26 resultar inferior ao Benefício Mínimo Mensal de Referência previsto no art. 35 deste Regulamento, o saldo Conta Benefício será pago de uma única vez ao Participante ou Beneficiários na proporção indicada na forma prevista no § 1º do art. 7º, extinguindo-se definitivamente, com o seu pagamento, todas as obrigações deste Plano perante o Participante ou Beneficiário.

Art. 35. Para fins deste Regulamento, o Benefício Mínimo Mensal de Referência será igual ao valor de R$ 120,00 (cento e vinte reais), atualizado anualmente no dia 1º de junho, com base na variação acumulada do INPC — Índice Nacional de Preços ao Consumidor, calculado pela Fundação IBGE, até o mês anterior ao do mês referido.

Art. 36. O primeiro pagamento dos Benefícios Previdenciários previstos neste Regulamento será efetuado até o 10º (décimo) dia útil subseqüente ao do requerimento e os demais até o último dia útil do mês de competência.

CAPÍTULO VIII
DOS INSTITUTOS
Seção I
DO BENEFÍCIO PROPORCIONAL DIFERIDO

Art. 37. O Participante Ativo poderá optar pelo instituto do Benefício Proporcional Diferido, hipótese em que se tornará Participante Remido, desde que preenchidos, concomitantemente, os seguintes requisitos:

I — cessação do vínculo associativo com o Instituidor;

II — não esteja habilitado a receber qualquer dos Benefícios Previdenciários previstos no art. 26 deste Regulamento e

III — ter decorrido a carência de 36 (trinta e seis) meses de vinculação a este Plano.

Art. 38. O valor do Benefício Proporcional Diferido corresponderá ao saldo da Conta Participante vigente na data da opção e será mantido na referida conta, atualizado mensalmente pela variação da Cota.

Art. 39. No caso de morte ou invalidez total e permanente do Participante Remido durante o período de diferimento, o Beneficiário terá direito ao benefício de Aposentadoria por Invalidez e de Pensão por Morte de Participantes Ativo previsto neste Regulamento.

Seção II

DA PORTABILIDADE

Art. 40. O Participante Ativo poderá optar pelo Instituto da Portabilidade, podendo transferir os recursos financeiros correspondentes ao seu saldo da Conta Participante para outro plano de previdência complementar, desde que atendidos os seguintes requisitos:

I — ter, no mínimo, 36 (trinta e seis) meses de vinculação ao Plano e

II — não esteja habilitado a receber qualquer um dos Benefícios Previdenciários previstos no art. 26 deste Regulamento.

Parágrafo único: A portabilidade terá caráter irrevogável e irretratável, seu exercício implicará o cancelamento da inscrição do participante neste plano, extinguindo-se, com a transferência dos recursos, toda e qualquer obrigação do plano para com o Participante ou seus Beneficiários.

Art. 41. Os recursos a serem portados corresponderão ao valor do saldo da Conta Participante.

Art. 42. O direito acumulado pelo Participante Ativo no Plano de Benefícios, definido em Nota Técnica Atuarial, corresponde ao valor do saldo da Conta Participante, na data da opção pela Portabilidade.

Parágrafo único: O valor a ser portado será atualizado pela valorização da Cota, no período compreendido entre a data base do cálculo e a efetiva transferência dos recursos ao Plano de benefícios receptor.

Art. 43. Os recursos recepcionados de outros Planos de Benefícios serão creditados na Subconta Portabilidade e terão, até a data da elegibilidade dos benefícios previstos no art. 26 deste Regulamento, controle em separado e registro contábil específico.

Seção III

DO RESGATE

Art. 44. O Participante Ativo poderá optar pelo instituto do Resgate, para recebimento do saldo da sua conta individual, caso não tenha preenchido os requisitos para receber qualquer um dos Benefícios Previdenciários previstos no art. 26 deste Regulamento.

§1º O pagamento do resgate está condicionado ao cumprimento de um prazo de carência de 24 (vinte e quatro) meses, contado a partir da data de inscrição do Participante ao Plano.

§2º O exercício do resgate implica a cessação dos compromissos do Plano em relação ao Participante e seus Beneficiários.

Art. 45. O pagamento do Resgate será efetuado na forma de pagamento único ou, por opção única e exclusiva do Participante, em até 12 (doze) parcelas mensais e consecutivas.

§1º No caso de opção do Participante pelo pagamento parcelado cada parcela vincenda será atualizada pela variação da Cota.

§2º O pagamento a que se refere o caput deste art. será feito até o 5º dia útil do mês subseqüente ao do deferimento do pedido.

CAPÍTULO IX

DO EXTRATO, TERMO DE OPÇÃO E TERMO DE PORTABILIDADE

Seção I

DO EXTRATO

Art. 46. O OABPrev-SP fornecerá Extrato ao Participante, no prazo máximo de 30 (trinta) dias contados da data do seu requerimento protocolado na Entidade, contendo:

I — valor correspondente ao direito acumulado no Plano de Benefícios, com a ressalva de que tal valor será ajustado pela variação da Cota entre a data de seu cálculo e a data da efetiva Portabilidade de tais recursos;

II — valor do Resgate, contendo o saldo de Conta Participante livre de tributos (bruto) e com sua incidência (líquido);

III — elegibilidade ao benefício decorrente da opção pelo Benefício Proporcional Diferido;

IV — data base de cálculo do Benefício Proporcional Diferido, com a indicação do critério de atualização;

V — montante garantidor do Benefício Proporcional Diferido;

VI — data base do direito acumulado a ser portado pelo Participante Ativo;

VII — valor atualizado dos recursos portados pelo Participante Ativo de outros Planos;

VIII — indicação do critério que será utilizado para a atualização do valor objeto da Portabilidade, até a data de sua efetiva transferência;

IX — valor do Resgate, com observação quanto à incidência de tributação;

X — data base de cálculo do valor do Resgate;

XI — indicação do critério que será utilizado para a atualização do valor do Resgate, até a data do efetivo pagamento;

XII — saldo de eventuais dívidas do Participante com o Plano de Benefícios Previdenciários do Advogado;

XIII — indicação dos critérios de custeio dos benefícios de Aposentadoria por Invalidez e de Pensão por Morte previstos neste Regulamento.

Parágrafo único. Os valores referidos nos incisos deste artigo devem ser apurados na data do requerimento do Extrato pelo Participante.

Seção II
DO TERMO DE OPÇÃO

Art. 47. Após o recebimento do Extrato referido no art. 46 deste Regulamento, o Participante terá o prazo máximo de 60 (sessenta) dias para formalizar sua opção por um dos Institutos a que se refere o Capítulo IV, mediante o protocolo de Termo de Opção.

§ 1º O Termo de Opção deverá conter:

I — identificação do Participante;

II — identificação do Plano de Benefícios e

III — opção efetuada entre os Institutos previstos neste Regulamento.

§ 2º O Participante que não se definir por um dos Institutos previstos no art. 7º deste Regulamento, até o prazo previsto no caput deste artigo, será considerado como tenha optado pelo Benefício Proporcional Diferido.

§ 3º Se o Participante ativo questionar as informações constantes do Extrato, o prazo para opção a que se refere o caput deste artigo será suspenso até que sejam prestados os pertinentes esclarecimentos, num prazo máximo de 15 (quinze) dias úteis.

Seção III
DO TERMO DE PORTABILIDADE

Art. 48. Se o Termo de Opção indicar a escolha do Participante pela Portabilidade, o OABPrev-SP encaminhará o Termo de Portabilidade, devidamente preenchido à Entidade que opera o Plano de Benefícios Receptor, indicada pelo Participante.

Parágrafo único. O Termo de Portabilidade conterá, obrigatoriamente:

I — a identificação e anuência do Participante;

II — a identificação do OABPrev-SP com a assinatura do seu representante legal;

III — a identificação da Entidade que opera o Plano de Benefícios Receptor;

IV — a identificação do presente Plano de Benefícios e do Plano de Benefícios Receptor;

V — o valor a ser portado constante do Extrato;

VI — critério de atualização do valor a ser portado até o último dia útil anterior ao da efetiva transferência dos recursos;

VII — prazo para transferência dos recursos e

VIII — a indicação da conta corrente titulada pela Entidade que administra o Plano de Benefícios Receptor.

CAPÍTULO X
DAS ALTERAÇÕES DO PLANO

Art. 49. Este Regulamento só poderá ser alterado por decisão do Conselho Deliberativo, e com a aprovação do órgão oficial competente.

Art. 50. Nenhum benefício poderá ser criado, alterado ou estendido por este Plano sem que, em contrapartida, seja estabelecida a respectiva fonte de custeio.

Art. 51. A retirada do Instituidor dar-se-á na forma estabelecida no convênio de adesão, observada a legislação aplicável.

CAPÍTULO XI
DAS DISPOSIÇÕES GERAIS

Art. 52. Sem prejuízo do benefício, prescreve em cinco anos o direito às prestações não pagas nem reclamadas na época própria, resguardados os direitos dos menores dependentes, dos incapazes ou dos ausentes, na forma do Código Civil.

Art. 53. Aos participantes serão entregues cópias do Estatuto do OABPrev-SP e deste Regulamento, além de outros documentos que descrevam, em linguagem simples e precisa, as características principais do plano de benefícios, sem prejuízo de outros exigidos pelo órgão regulador e fiscalizador.

Art. 54. O OABPrev-SP fornecerá, anualmente, a cada Participante ou Beneficiário, extrato registrando as movimentações financeiras ocorridas no período e o saldo da Conta Participante.

Art. 55. Os casos omissos e as dúvidas suscitadas na aplicação deste Regulamento serão resolvidos pelo Conselho Deliberativo do OABPrev-SP, observada a legislação vigente, bem como os princípios gerais de direito.

CAPÍTULO XII
DAS DISPOSIÇÕES TRANSITÓRIAS

Art. 56. As disposições constantes deste Regulamento terão sua eficácia condicionada ao cumprimento do número mínimo de participantes fixado pelo órgão oficial competente.

Art. 57. Este Regulamento entrará em vigor na data da aprovação pelo órgão público competente.